看图学育儿

不生气
育儿图鉴

[日] 篠真希 著

[日] 糕糕子 绘

陈 静 译

中国民族文化出版社

北 京

前　言

　　亲爱的家长们，你们是否有过这样的经历——明明眼前的孩子那么可爱，你却怎么也按捺不住烦躁的心情；内心描绘的美好生活，也因为熊孩子搞得一团糟……我们大多数父母都会因为这些事情而发火，任意发泄自己的情绪，而后又后悔不已，对自己失去信心。

　　每次有家长来咨询育儿相关问题的时候，我都会深深地感受到——妈妈们往往都是因为自己非常努力了，所以才会焦躁和生气。

　　我认为，育儿的正确答案就在爸爸妈妈与孩子共处的时间里，只要怀有疼爱之情就基本正确。生气本身并不是坏事，如果通过生气发火能够教会孩子一些事情，那可以说生气也是有一定效果的。

　　但是很多时候生气会产生负面影响。大多数父母还没有学习过处理愤怒的方法就被上天赐予了孩子，于是就只能在养育孩子的过程中摸石头过河，因此，哪些事情不能做、哪些事情必须做、哪些事情如何做才能更好都弄不清楚，生气也就在所难免。

② 愤怒是能够被控制的

控制愤怒的方法

可以与孩子一起做的愤怒控制法

③ 不生气应对不同场景

④ 围绕育儿
与周围大人之间发生的冲突

附录

你为什么会发怒?

发怒方式因人而异

    在什么样的情境下容易发怒,或是具体在意什么事情而发怒,每个人都不一样。价值观是人在成长过程中自然形成的,有人甚至连自己发怒的关键点跟别人不一样都无法察觉。

    想要控制好心中的怒火,首先就需要客观地了解自己的发火点及生气方式。

    现在介绍6种不同的生气倾向类型。那些自认为理所当然会发怒的关键点,有些竟然是只有自己在纠结的地方。

    我们按照自己的性格和思维方式来看一下吧。

道德感强的人（光明正大型）

· 认为做了坏事就应该接受惩罚。

· 认为必须由自己来教育。

· 对方不守规则和礼节就会特别生气。

> 不要太纠结正确与否,不管也可以的事情就不要管。

完美主义的人（博学多才型）

- 自己的职责要完全胜任。

- 行动、回答要干脆利落！对优柔寡断感到焦躁。

- 对自己和他人都过于严苛。

> 要打开心胸，更加豁达地接受一切都是在不完美中成长的。

领导气质的人（威风凛凛型）

- 自己应该受到尊重，大家都应该听自己的。

- 达成目标的心愿极强。

- 特别在意别人对自己的评价。

> 时刻保有谦虚的态度，在别人指出缺点时，能够区分对方是建议还是批评。

固执己见的人（外柔内刚型）

- 一旦决定，坚决执行。

- 自己笃信的事情一定是对的。

- 拘泥于自己的作风，一切事情都要按照自己的风格进行。

> 无须过分执着于自己的规则，不要积攒压力。

爱操心的人（小心谨慎型）

- 事前准备必须扎实。
- 难以向别人敞开心扉，交际成为一种负担。
- 容易给别人贴标签。

> 用善意的眼光看待别人，放弃对别人的偏见和攀比。

随心所欲的人（天真浪漫型）

- 直言不讳，行动在前。
- 强行推行自己的意见。
- 因为一些没有恶意的话而产生纠纷。

> 有时候沉默是金。注意三思而后行。

以上参考安藤俊介所著《第一本"控制愤怒"的指导手册》（Discover Twenty one）。

你的发怒方式是什么样的?

发怒的方式因人而异。把发怒方式分成强度、频率、持久性这三项,每项按照满分10分来给自己打分,画出属于自己的发怒三角形吧。

你的三角形是什么样子的呢?

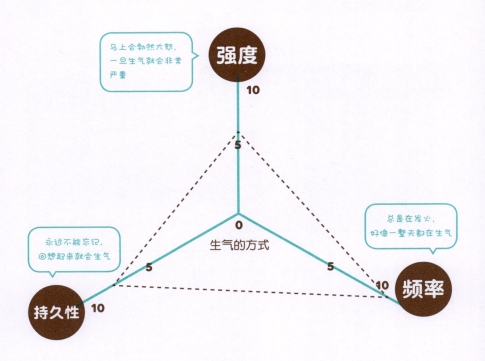

如果对孩子说"画一下妈妈的发怒三角形吧",孩子会画出一个什么样的三角形呢?在下图中画画试试吧!

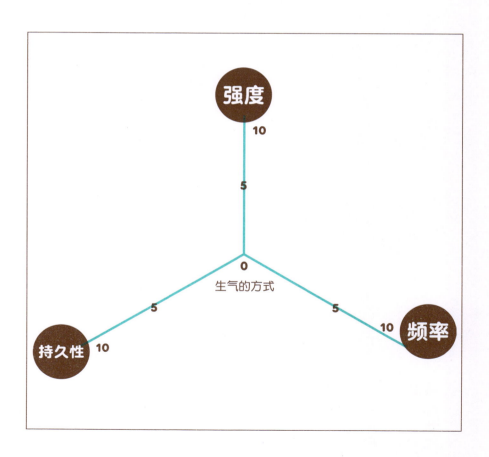

攻击朝向什么？

　　愤怒往往伴随着攻击性，这个攻击性朝向什么，每个人也是不同的。是怪罪他人，还是责备自己，抑或是归咎于事物，你的愤怒往往都朝向什么呢？

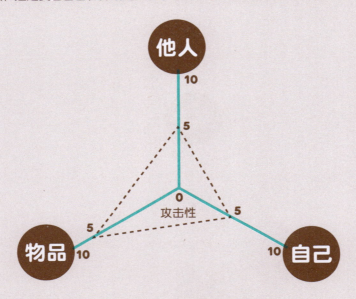

发火时的规则

　　发怒的时候都有一定规则。不论是大人还是小孩，在发火的时候都要遵守这个规则。

| 不能伤害别人 | 不能伤害自己 | 不能毁坏物品 |

与愤怒
和平相处

生气是每个人都会拥有的一种情绪，
无法完全消除。因为无法消除，所以需要
好好跟它相处。首先，要弄清楚生气是什
么，以及它产生的原理。咱们学习一下与
生气相处的一些技巧吧。

生气是坏事吗？

生气往往会后悔

　　你是不是有过这样的经历——因为心情烦躁而对着孩子狠狠发火，而后又开始后悔？

　　有如下数据显示：

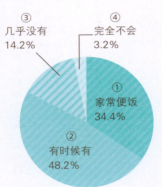

你有没有
大声训斥过孩子？

③ 几乎没有 14.2%
④ 完全不会 3.2%
① 家常便饭 34.4%
② 有时候有 48.2%

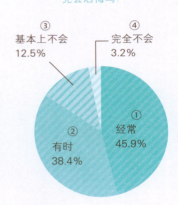

大声训斥
完会后悔吗？

③ 基本上不会 12.5%
④ 完全不会 3.2%
① 经常 45.9%
② 有时 38.4%

　　会对孩子大声呵斥的妈妈占到了80%以上！而且之后会后悔。

　　也就是说觉得自己生气后会后悔的人占到了84.3%。

　　为什么会这样呢？

　　为什么我们生气之后往往会后悔？那生气是一件坏事吗？

生气不是坏事

实际上生气本身没有问题。生气自身不好也不坏，只是一种极其自然的情感。

生气并不是坏事，也没有必要否定生气，责备一不小心就发火的自己。真要分好坏的话，那就是看有没有很好地表达出来。

如果把生气判定成"坏情绪"，那就无法很好地处理这种情绪。原因在于当你感受到生气的时候，一想到"出现了一种不该有的情绪"就会慌张地对待。人一慌张就会犯错，一犯错就会说出一些不该说的话，或是做出不该做的事，结果就会导致后悔。

 生气本身并不是坏事哦。

生气是坏事吗？

任何人都会生气

生气是一种情感，不管是谁都会有。

因为任何人都会有这种情感，所以生气后又后悔的人，绝不是因为不成熟，或是一个不称职的妈妈之类，而是因为没有学习过处理生气的方式方法，仅此而已。

掌握了处理生气的方法，自己就能够紧紧把握住情绪的方向盘，不会被情绪支配。

崩溃——

游刃有余地与生气这种情绪相处

不要让愤怒一下子爆发，也不要强行压制愤怒，抑或是装作完全不在意，让这种情感在自己的心里堆积，而是要游刃有余地、适度且有效果地向外发泄。向外发泄的时候也要注意不能伤害自己真爱的人。

如果光是想着"不可以生气"就无法进步，我们要在遵守规则的基础上把生气这种情绪表现出来，然后就可以慢慢学会恰到好处地处理它。

首先，当你感受到愤怒的时候，不要慌张，而是先接受"啊，愤怒一下涌上来了"的感受，然后镇定下来问问自己："既然如此，该怎么处理呢？"

生气到底是什么？

生气是为了保护身体而出现的

动物们遇到掠食者或危险时，都会产生"斗争""逃走"的防御反应。为了保住性命，到底是与敌人抗争还是逃走，需要在瞬间作出反应。

同样的反应在我们人身上也有发生

当我们感到强烈愤怒的时候，就会怒视对方，气势汹汹，身体里一下注入了无限力量。

生气原来是为了守卫重要事物而出现的情感啊。

自己想守卫的事物到底是什么？

可能是自己的立场、自己的主张、作为父母的威严、自己描绘的剧本，又抑或是舒心的空间、放松的时间。

当我们遇到自己想守卫的事物受到威胁的时候，就会感觉到愤怒。

生气往往会被人们认为是伤害别人的情绪，实际上它是为了保护自身而出现的情感。如果没有生气这样一种情感，我们就无法拥有坚强的内心，也无法保证自己的身心安全。

总　结

把生气或愤怒作为感知危险的信号去感受，是非常健康且重要的事情。

生气到底是什么？

放置不管
就会变成精神压力

　　自然界中各种有效的反应，放在我们人类社会的话，有时会引起各种心理、身体上的问题。原因在于我们这个社会有很多危机，是既无法斗争也无法逃避的。

单纯发火无法解决问题

　　如果对怒气放置不管，慢慢就会积攒成巨大的压力，为了避免这种情况发生，我们就需要接收每一个信号，认真处理每一个问题。

　　虽然能够感受怒火是非常健康的，但光是内心发火无法解决问题。我们往往在愤怒中想着可以解决问题，结果又有新的问题产生，大部分情况都是如此。

发火将会
失去很多

如果放任怒火爆发，我们将失去很多。

☐ 人际关系
　有可能会遭到周围人回避、嫌弃，互相伤害，进而人
　际关系变糟。有时因为发怒而丧失社会信用。

☐ 健康
　会增加动脉硬化的发病几率，免疫机能下降。也会危害
　心理健康，有数据显示容易发怒的人容易罹患抑郁症。

☐ 金钱
　不接受现实，不考虑后果，易冲动的倾向也往往会体
　现在用钱上。表现在冲动购物、饮酒方面投入增加、
　毁坏物品后再买等方面。

☐ 容貌体态
　控制情感的能力往往和自制力、自我管理能力相连，因
　此发怒有可能会对体重、表情、容貌等外观方面有影响。

越是对亲近的人
发的火越大

我们往往越是对亲近的人，发的火越大。很多人明明对他人可以做到让步或包容，但就是对家人和亲近的人无法容忍。

因此，几乎所有人都对身边亲近的人说话过分、抱有各种不满等。

以下情况有没有发生过？

☐ 对丈夫的要求越来越多。

☐ 孩子不听话会变得焦躁。

☐ 如果孩子没有按照自己的期望做事会马上发脾气。

☐ 做同样的事，别人家的孩子做了不会发火，自己家孩子做了就

马上发火。

往往向更弱的
一方撒气

　　把涌上来的怒火留在自己心里特别难受，就会特别想找个发泄对象发泄出来。就算是自己做得不对，也想把事情怪罪于某人身上。

　　最容易成为发泄对象的就是孩子。但别忘了孩子也会把你扔过来的怒火另寻一个出口发泄。

以下情况有没有发生过？

☐ 往往会寻找比自己弱的人，能打败的人去发泄。

☐ 倾向于找能够容许自己撒娇的对象发泄。

☐ 很想完美地扮演母亲这一角色，当感到实在无法完成时就会有
　罪恶感，并把它归咎于孩子。

生气到底是什么？

愤怒会传染

　　焦虑、愤怒的心情会传染。面对闹脾气或是处在逆反期的孩子，妈妈往往会感情用事，但你要理解"逆反期"是成长中不可避免的过程，闹脾气也是孩子的本性，他们并不是要故意惹妈妈生气或针对妈妈攻击。

　　对孩子的感情保持敏感并无大碍，但一定不要把孩子的感情与自己的感情掺杂在一起。不要被孩子闹脾气影响自己的心情。

以下情况有没有发生过？

☐ 当孩子不高兴的时候自己就会受到影响而生气。

☐ 妈妈不高兴的话，孩子也会产生负面情绪（无法镇定）。

☐ 在同一个空间内，如果有焦虑不安的人，其他人也会被传染。

☐ 如果受到不愉快的对待，自己也会不开心。

发火会上瘾

　　当自己火冒三丈的时候，有时会感到自己变厉害了，也能够支配对方了。

　　这是因为发火后自己的要求被满足，一旦有了这样的经历，就会产生通过发火就可以支配对方的错觉。发火成了我们的"万能钥匙"，这就是我们为什么发火上瘾的原因。

　　但痛快只是一时的，过后往往会因为强烈的罪恶感和后悔而受到良心的责备。

以下情况有没有发生过？

☐ 勃然大怒后孩子和丈夫都会听话。

☐ 发火的时候感到自己变厉害了。

☐ 由愤怒带来的激昂心情驱使自己产生更高的支配欲望。

生气背后的情绪

生气只是冰山一角。生气被称为"表层情绪"，而潜伏在水面以下的就是被称作"深层情绪"的负面情感。

生气

痛苦	悲伤
委屈	辛酸
不安	焦虑

原来是深层情绪以"愤怒"这种形式表现出来的啊！

举例来说，这种时候你会生气吗？

当你感受到愤怒的时候，就要看一下自己内心到底有什么样的深层情绪。

你在干什么！？
（生气）

痛苦

头好痛……吵死了……你能不能安静一下？

悲伤

我已经跟你说过多少次了，我的辛苦都白费了！

委屈

给你做饭、接送你上兴趣班，我已经这么努力了，你还这么任性……

辛酸

每天晚上每隔一小时就要起床喂奶，结果丈夫还对家务不管不顾，我的心都要碎了……

不安

我不说你就不干，如此邋里邋遢的，以后可怎么办？

焦虑

明明已经晚了，马上就要迟到了，你还在磨磨蹭蹭，真是够了！

生气是如何产生的？

用"我感到"来表达

当你关注到了自己的深层情绪时，最好用语言表达出来。这比起单纯发火，更能将自己的心情传达给对方。

在表达自己的深层情绪时，多用"我感到"这种以自己为主语的表达方式，效果会更好。

悲伤

> 我说了很多次你都不听，我感到很伤心。

焦虑

> 之所以我说话会变得严厉，是因为我感到着急焦虑。

不安

> 如果一直这样的话，我会感到不安。

> 如果以"你"为主语叙述的话，就会给对方怪罪责备的印象。

在生气背后存在深层情绪，孩子也一样

当孩子发火闹脾气，或是不开心的时候，与其安抚孩子表面的愤怒，不如考虑一下在孩子生气背后隐藏着什么样的情绪。

如果能够针对该种情绪采取对策，就会找到新的解决方法，而不是一味让孩子忍耐。

吵嚷　哭泣　喊叫　撒泼

找别扭　　生气　　敲打

伤心
妈妈生我气了！

不安
小弟弟小妹妹有可能会把妈妈抢走……

不甘
想让爸爸妈妈理解我想说的话。

被"应该"束缚住

生气往往是觉得"应该这样"，而实际上没有按照自己所预想的情况发生时出现。

这个"应该"有的是自己的理想、愿望，有的是常识和价值观等。想法有时候是对的，有时候并不正确。

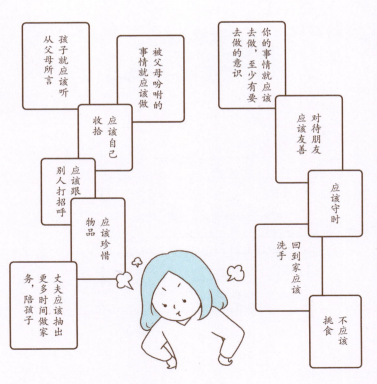

孩子就应该听从父母所言

被父母吩咐的事情就应该做

你的事情就应该去做，至少有要去做的意识

应该自己收拾

对待朋友应该友善

应该跟别人打招呼

应该守时

物品应该珍惜

回到家应该洗手

丈夫应该抽出更多时间做家务，陪孩子

挑食不应该

自己心中的"应该"与现实之间的差距是生气的导火索

"应该"是象征自己理想、愿望、常识、价值观的代名词。当它与现实之间有差距时，就会让人生气。

"应该的事"对自己来说，是理所当然且完全正确的事情，但并不是所有人都拥有同样的"应该"。

自己越是觉得"绝对正确"的事情，如果另一个人出现不同的想法，就会认为他是绝对错误的，就会越气愤。

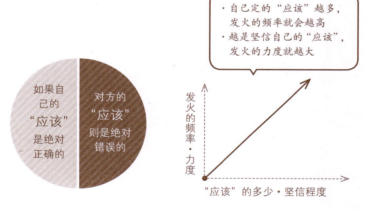

· 自己定的"应该"越多，发火的频率就会越高
· 越是坚信自己的"应该"，发火的力度就越大

如果自己的"应该"是绝对正确的

对方的"应该"则是绝对错误的

发火的频率·力度

"应该"的多少·坚信程度

如果你的心里有很多理想的"应该"，就往往会被它们束缚住，就会增加很多多余的急躁情绪。

生气是如何产生的？

如果被许许多多的"应该"束缚住，育儿过程就会非常辛苦

如果自己把理想当作目标，本身是件非常棒的事情，但如果自己被各种各样的"应该"束缚住，生气的概率就会增加。

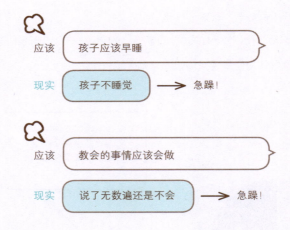

应该　孩子应该早睡

现实　孩子不睡觉　→　急躁！

应该　教会的事情应该会做

现实　说了无数遍还是不会　→　急躁！

如果自己脑子里装的全是理想状态，与现实对比，一旦发现差距就会变得非常急躁。

想让自己从急躁中解脱出来，就需要把一些"应该"舍弃掉，对待现实更加洒脱一些。

生气并不是因为发生了什么事情或是受到了别人的支配，而是由自己心里的"应该"引起的啊。

是否会生气取决于
对事情的定义

　　生气并不是直接由发生的事情引起的。对待同样的事情，并不是所有人都会生气。

　　发生同样的事情，对其定义不同就会决定是否生气，或是生气的程度如何。

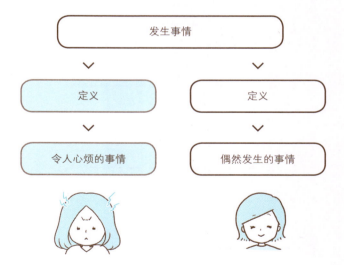

何谓"定义"

　　所谓"定义"，指的是对某件事情赋予某种价值或评价。单纯发生的事件并没有任何意义，但我们往往会把这件事情与我们自身的价值观相互对照然后予以解释。也就是说，生气的原因并不是外部因素，而在于自己的内心。另外，"定义"也不仅取决于价值观，还会受到思维方式偏好以及自身经历的影响。

1 发生了事情

2 考虑发生事情的意义（定义）

3 由定义催生情感

4 由情感决定行动

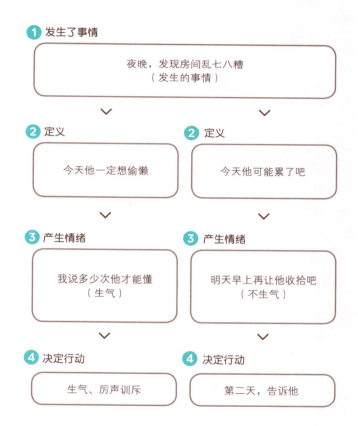

1 发生了事情

夜晚，发现房间乱七八糟
（发生的事情）

⌄ ⌄

2 定义

今天他一定想偷懒

2 定义

今天他可能累了吧

⌄ ⌄

3 产生情绪

我说多少次他才能懂
（生气）

3 产生情绪

明天早上再让他收拾吧
（不生气）

⌄ ⌄

4 决定行动

生气、厉声训斥

4 决定行动

第二天，告诉他

定义不同不仅可以决定你是否生气，还会导致你的行动不同。要有意识地识别自己因为想当然而下的定义，这样就可以避免一些无谓的生气。

步骤 **1**

首先让愤怒过去

据说愤怒的峰值只有6秒。

当你感到愤怒的时候，首先要避免的是"条件反射会说的话""条件反射会做的事"。因为这种条件反射会导致一些无法挽回的后果，就会容易后悔。

研究发现如果能够让这6秒过去，就可以变得相当理性。所以当你感受到愤怒的时候，不要做一些条件反射式的反应，而是首先让愤怒的最高峰过去。

避免条件反射的一些具体方法可以参考②"愤怒是能够被控制的"（p.39~）。

2

找到那些"应该"

- -

我们要了解自己发火的关键点，例如什么时候会发火，因为什么事情发火，什么事情不可原谅等。我们可以把每天都可能生气的事情当作一个个小地雷，从中挖出自己一直重视的各种"应该"来。

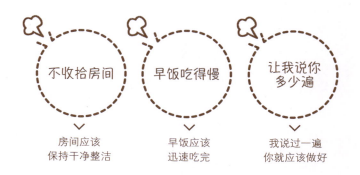

不收拾房间	早饭吃得慢	让我说你多少遍
房间应该保持干净整洁	早饭应该迅速吃完	我说过一遍你就应该做好

可以说，"地雷"少的人就比较容易相处。

"应该"既有道德、常识方面的内容，也有个人的、生理反应方面的内容，甚至还有单纯纠结着只会徒增烦恼的内容。所以最好仔细考虑一下自己的那些"应该"是否只是一些不合理的要求。

与愤怒和平相处的 **4** 大步骤

步骤 **3**

扩大能够原谅的范围

　　虽然发火本身并无大碍，但发火过于频繁就和不发火一样，是没有效果的，所以能够忍让的事情就努力去接受吧。即便是让人非常恼火的事情，也可以通过稍微改变一下对它的定义，或是考虑"至少要做"的底线，来把能够原谅的范围扩大。

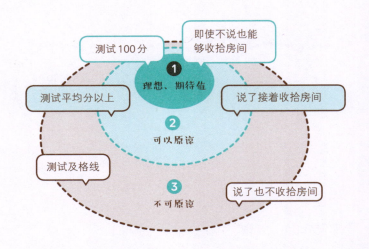

测试 100 分 · 即使不说也能够收拾房间

① 理想、期待值

测试平均分以上 · 说了接着收拾房间

② 可以原谅

测试及格线

③ 不可原谅 · 说了也不收拾房间

不要把孩子"做得最好的时候"设定为标准，而是设想他"做不好的时候"，这样可原谅的范围就会变大。

❶ 是和自己的期待完全一致（理想状态）

> 这是一种没有必要生气的理想状态。但令人意外的是，即便是我们身处这样的状态，也不会有任何感动，每日过得无动于衷。

❷ 是在可原谅的范围内

> 虽然没有达到理想状态，但也不至于发火。大部分发生的事情都可以归到这类。在看待事情的时候，我们可以用上"起码……""至少……"，努力扩大②的范围吧。
>
> 实际上也有原本可以原谅，但就是因为自己心情不好而发火的事情。

❸ 是不可原谅的事情（感到愤怒）

> 身为父母不可以让步的事情，无论如何都感到不能容忍的事情都在这儿。生气和不生气的界线就在②和③之间，因此越过这条线就会感到愤怒。我们不要只是发火，还要在日常生活中告诉孩子你的界线在哪里。

> 非常重要的一点是，要事先告诉孩子可以原谅的范围以及界线所在，而且这个界线不可以因为自己的心情而发生改变。

步骤 **4**

考虑下一步如何行动

这个阶段就是考虑如何面对那些让自己感到愤怒的事情。我们需要在第三个步骤中把愤怒转化为建设性的行为，并把这些行为进行分类整理。生气发火实际上是"想要改变现状"的一种愿望。话虽如此，实际上有很多时候即便发了火，情况也不会发生任何变化。那到底应该怎么做才好呢？

按照"凭借自己的力量能够改变／无法改变""重要／不重要"这几个不同视角进行分类，考虑一下应该分到以下哪个格子里。

凭借自己的力量		凭借自己的力量	
能够改变 重要	**a**	**b**	无法改变 重要
不重要	**a′**	**c**	不重要

不要把孩子"做得最好的时候"设定为标准，而是设想他"做不好的时候"，这样可原谅的范围就会扩大。

【能够改变】

a 做一些能够改变的事情

需要确定三个要点：一是要设定想改变"到什么程度""在什么时间之前"这样的目标；二是考虑具体"如何去做"实现这些目标；三是创造一个不会发火的环境，改变措辞方式就能马上做到的事情。

a 是马上去做的事情，a'是有余力的时候去解决的事情。

【虽然无法改变但很重要】

b 用以下两个对策中的一个

①首先接受这种无法改变的现状，然后考虑其中能够处理的部分。找到能够做的事情付诸行动，就会减少压力。

②寻找替代方案。考虑一些能够替代的方案来消除内心的不满。

【既无法改变也不算重要】

c 不要把它们当成压力

不重要的事情，就放开不要理睬。虽然稍作努力有可能会发生改变，但它并不重要，所以没有必要花费精力在上面，这些事情就放在这个格子里。

与愤怒和平相处的 **4** 大步骤

凭借自己的力量 **能够改变**	凭借自己的力量 **无法改变**
重要 例： 孩子打了其他小朋友。 → 听孩子说过程，教育 他，让他道歉。 现在马上去做。 决定好 "在什么时间之 前""到什么程度""具 体如何做"。 **a**	**重要** 例： 吃饭慢。 → 吃饭时间充裕，寻 找更好用的勺子， 把菜切得大小更容 易下口等。 找到自己能够处理的事 情，寻找替代方案。 **b**
a′ **不重要** 例： 储藏室堆满了物品。 → 周末趁老公在家的时 候慢慢收拾。 有时间就去处理。	**c** **不重要** 例： 孩子同学妈妈们的一些 流言蜚语。 → 当作耳旁风，不予 理睬。 不要理睬，不要牵扯。

与愤怒和平相处的
4 大步骤 总 结

- - - - - - - - - - - - - - -

STEP1 首先让愤怒过去

• 沉着冷静地接受愤怒，让冲动的短暂瞬间过去。

STEP2 找到那些"应该"

• 从自己的"地雷"中找到各种"应该"。

• 考虑对发生事情的定义是否偏颇，自认为的"应该"
  是否合理。

STEP3 扩大能够原谅的范围

• 知道"可原谅"与"不可原谅"之间的界线。

• 扩大可原谅的界线。

• 向孩子明示界线。

• 不要因为心情而改变界线。

STEP4 考虑下一步如何行动

• 以"是否能改变""重要不重要"的视角进行区分。

• 换成自己应该采取的行动。

用三个圆圈来思考说话方式

我们可以把孩子们的行为，分成下面的三类来进行考虑，成为自己跟孩子说话的准则。

① 想让孩子增加的行为。这类行为和自己的期待完全一致。

② 想让孩子减少的行为。这类行为在可原谅范围内，不断接受的同时让行为朝着理想状态慢慢转移，同时避免孩子的行为向③的方向变化，可以把他们认定成"想让孩子减少的行为"。

③ 想让孩子停止的行为。这类行为是不可原谅的。

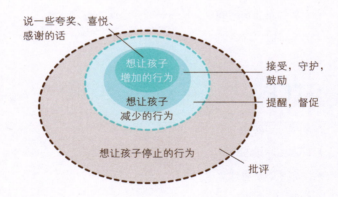

对①的行为要夸奖，可以对孩子说"我很开心""感谢你"等，对②中向①方向转化的行为，就采取接受、守护、鼓励的态度，而向③方向转化的行为就对其进行提醒、督促，对③的行为要严厉批评。

愤怒是能够
被控制的

我们这一章主要看一下控制愤怒的具
体办法。我们可以选择一些适合自己，或
是当场能够奏效的方法。另外，如果从小
就能掌握如何与愤怒和平相处的话，可以
受益终身。也有与孩子一起控制愤怒的方
法，我们来试一下吧。

愤怒是能够被控制的

　　感受到愤怒是一件非常自然的事情，任何人都一样。但如何把自己胸中涌出的愤怒之火变小，生气的时候作出什么样的反应，该如何行动，这些都是需要自己决定的。

把愤怒作为弹簧，努力朝好的方向改变现状，才是有建设性的发火方式

　　发火实际上是自己想要改变现状的外在表现。我们需要接受这种感受，把愤怒转化成动机，让它有效果地表达出来。

　　下面介绍几种不被愤怒控制的方法。

　　选择其中你觉得有效的方法试一试，一定要强加练习，一直到能够发挥自如为止。

- 情绪任由愤怒控制，说出了一些不该说的话。
- 做出了没有预料到的大胆行为。
- 内心充满了各种各样的情绪，完全不去思考。

- 像其他情绪一样认识愤怒，感受它但不慌乱。
- 把愤怒当作面对问题的一个信号来理解。
- 认识到目标是解决问题，改善现状，而不是发泄情感。
- 当问题得到解决，就不要抱着愤怒纠缠不放，而是能够让愤怒平息下来。

深呼吸

（呼吸放松法）

深呼吸是让心情镇定下来的最简单易行的方法。

当你生气进入亢奋状态时，呼吸就会不由自主地变浅，导致自律神经失调，这时我们可以用深呼吸的方法来进行调节。

尝试从鼻孔吸入空气，然后用比平常多好几倍的时间从嘴巴里慢慢地、认真地吐出空气，直至腹部变得扁平。一旦精力集中在呼吸上，愤怒就会容易平静下来。

腹式呼吸有调节自律神经平衡的作用，因此在日常生活中也可以有意识地进行腹式呼吸，可以缓解一定压力。

Point 当自己无法掌握腹式呼吸时，可以尝试佩戴口罩。因为戴上口罩会感到呼吸困难，为了获取更多的氧气就会自然而然地进行腹式呼吸。

默念让自己
镇定下来的语句

（吟唱暗示语）

这是一种当自己感到焦躁不安时，对自己说一些让自己镇定下来的语句的方法。如果别人对你说"没事的"，心情就会突然放松下来，你是否有过这样的体验？吟唱暗示语的方法实际上就是自己给自己说"没事的"。

当然说的内容可以随意。

例如"放松下来""镇定一下""稍事休息，稍事休息""没问题"等，也可以是提前准备一些没有任何意义，但读上去语调让人心情舒缓、马上就能吟唱的句子。

比如和孩子一起发明一些"叽里咕噜哔哩吧啦"这样如同咒语一般的语句，就可以与孩子一起进行冷静练习了。

Point 一定要规定自己在诵念语句的时候不要做别的事情。把诵念演变成习惯。

给愤怒标上温度值

（量化技巧）

之所以大家会觉得控制愤怒比较困难，其中一个重要原因在于它是一个眼睛看不见、含糊笼统的东西。而如果把愤怒看成一个具体的数值，就会更容易客观地把握它。

如果把人一生当中最大的愤怒定为10度，那么眼前的这种愤怒，到底是几度呢？把愤怒的尺度比作温度计，客观冷静地对待它。

当我们意识到自己的愤怒温度值时，也就能够按照具体的数值，也就是发怒的程度来考虑不同的对策了。

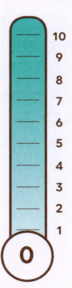

Point 在表达温度和成绩时，说"好热""还行"，不如说具体多少度。具体多少分更容易让人理解。同理，愤怒也一样。

暂时离开现场

（暂停时间）

　　当相互之间陷入争吵，或是愤怒的温度值（参考前一页）变高时，如果继续在现场有可能会对对方说很多过分的话，或是马上就要大打出手，这时候就请暂时离开现场。

　　如果执意留在那里有可能会悔恨终生，为了避免这样的事情发生，我们就需要重新开始。

　　但如果对方是小孩子的话，必须要保证孩子处于安全的环境中。另外，如果一声不吭就转身离开，孩子有可能会陷入恐慌，因此，离开之前必须要对孩子说"我去一下洗手间"，或者"我去洗洗脸"等，让孩子明白自己还会回来。

Point　　在离开的这一小段时间，可以做一些如深呼吸、拉伸运动，或是整理房间等能够快速恢复平静的事情。

> 控制愤怒的方法 **5**

把愤怒写出来

（生气日志）

把惹自己生气的事情写出来。通过书写，自己就能冷静地面对内心的愤怒。写的内容包括"什么时候""在什么地方""发生了什么事情"等。

再加上当时自己是怎么想的，有什么样的反应，以及反应的结果，还有愤怒的温度值等，详细记录之后，就能进行客观分析，也会成为今后应对同样情况的一个参考。

何时	月	日
何地		
事件		
所感所想		
自己的反应		
反应的结果		
愤怒的温度值		

Point 最好是事发当时就写下来。

活动身体

（身体放松法）

愤怒不光会让精神进入紧张状态，还会引起身体上的应激反应。生气时间过长就会让身体受到冲击，导致免疫功能下降。

活动一下身体，不仅可以改善心情，还可以缓解身体上的紧张。

当你感到紧张情绪增加的时候，可以马上进行快走或慢跑等有氧运动，这时大脑血液流动更加通畅，会分泌更多促进情绪安定下来的血清素。简单的拉伸运动也可以让肌肉放松，缓解紧张情绪。但注意避免过于激烈的运动，否则起不到放松的效果。

Point 当你拿不出整块时间去运动的时候，可以跟孩子一起活动身体，效果也很显著。

增加积极的情绪

（快乐日志）

　　这个方法就是把今天发生的所有开心的事情记在日记里。凡是开心的事情、快乐的体验，无论多小的事情都可以记录。

　　如果我们的意识变得积极正能量的话，从口中说出的话语也会改变，心情也会更加晴朗。通过注意事物积极的一面，就可以在原本觉得满是辛苦的生活中实实在在地感受到那些小确幸。

　　慢慢的，我们注视的就不仅是自己的生活，还会发现自己的闪光点，以及孩子的长处。

Point　　例如，过信号灯的时候全是绿灯，买面包的时候恰好66元（吉利的数字），发现孩子睡觉的样子还挺可爱的。

稍微改变一下
自选项目

（打破常规模式）

这个方法是要把自己生活中一些模式化的行动稍微加以改变，如换一条上下班的线路，接上孩子后去外面吃饭等。

稍稍改变一下自选项目，可能就会产生一些担心，那是因为如果我们按照一贯的模式行动，就会避免风险，高效且安全。

我们按照固定模式行动本身没有坏处，但是和孩子在一起，总会有突发状况发生，无法按照计划进行。如果我们对自己的常规生活模式过于执着，就会让自己的视野变窄，失去心灵的柔软性，想法也会变得非常死板。

我们需要有意识地去发现并改变一点点，让我们的心灵变得更加柔软。

Point　如果因为改变了自己的常规
生活模式而感到不安的话，就说
明自己接受改变的容忍度在变小。

缓解失眠、焦躁等
心情的训练

（肌肉松弛训练）

我们可以通过松弛肌肉、调整自律神经功能的方式来平息应激反应，缓解紧张状态。

首先，自己必须要感受到其必要性，这一点非常重要。虽然自己能够清楚地感受到心里面的紧张，但身体上的紧张往往难以发觉。我们需要做的就是感受它，并且了解肌肉紧张状态与不紧张状态时的差别。如果每天加以练习，就算是在特别容易紧张的人身上也会有一定效果。

平躺下来，按照下面的顺序反复练习"紧张→松弛"的过程。

紧紧握住拳头→手指完全垂下

弯曲胳膊→伸直胳膊并放松

皱紧眉头→眉间展平

咬紧牙齿→松缓下颌

提起肩膀→放下肩膀

深吸一口气让腹肌变紧张→放松腹肌

伸直脚尖→复原

深呼吸，让全身处在舒畅放松的状态

Point 一边思考一边放松很难有效果，所以最好是提前在手机里录好音，听着录音进行。

把"应该"换一种和缓的表达

（三个栏目技巧）

这个方法是要找到自己发火的原因，然后思考如何做才能与愤怒和平相处。

首先在第一个栏目里写上让自己生气的事情。从你当时的想法中，找到自己的那些"应该"，写入第二栏中。

这时需要考虑一下自己心中的"应该"是否和周围协调？或是根本就不合理？然后在第三栏中写出从"无论对自己还是对周围的人，长期来看健康且幸福"这一视角的现实性思索。把所有能想到的想法都写出来，这样就可以让自己的立场变得更加灵活。

让自己生气的事情	（例）我很认真地和他说话，他却在偷笑。
找到生气背后的"应该"	他在听吗？他在轻视我吗？一想就生气。 → 跟他讲正事时他就应该认认真真聆听。
无论对自己还是对周围的人，长期来看健康且幸福	· 因为我凶巴巴的，他只是希望我笑一下。 · 眼看我就要火冒三丈，他是想糊弄过去。 · 可能他真的没在听，但也绝不是在轻视我。

只关注现在这一刻

（只关注此时此刻／冥想）

把自己的所有精力都集中在现在这一瞬间的感受上，不作任何评价和判断，接受现实现有的模样。这就是正念内观。

怒气不断变大的其中一个原因就是让自己的心想到了过去和未来。

当看到对方犯了同样的错误，心里会想"又是这样""上次也是"，就会觉得这种情况在未来会无休止地出现，相应地愤怒和担心就会越来越严重。

要想从焦躁的心情中摆脱出来，就可以进行正念内观的训练，因为正念内观有稳定情绪，提升幸福感的作用。培养"只关注现在这一刻"的能力非常有用。

Point 先从1分钟开始，逐渐做到能够持续3分钟左右。与孩子一起玩定住不动的游戏也非常有效果。

【做法】

1 调整好姿势，端正坐直。闭上眼睛，放慢呼吸。

2 认真仔细、有意识地反复进行腹式呼吸，并把意识集中在呼吸上。从鼻子吸入空气，腹部鼓起，再从口中慢慢吐气，腹部变平，把自己的意识集中在这种感觉上。

3 就算是有杂念涌进来，也不要赶走它或是认定它是坏事，而是要坦诚地感受它，接受它。等它过去之后，再集中精力进行呼吸，从而让自己的意识只关注现在这个瞬间。

※ 也有边走路边进行的"行禅（Walking Meditation）"这种方法。（Meditation= 冥想）

【行禅】

每走一步，就自己感受自己的呼吸、足底的感觉以及全身的动作。走着的时候可以一边感受脚的动作，一边在大脑中默念"左脚、右脚、左、右……"。

控制愤怒的方法 **12**

下定决心
一整天不发火

（24小时行为冷静）

自己下定决心要在连续的24小时之内绝对不发火。在特别繁忙的时候执行这个方法更有效果。

要在自己的表情、语调、态度等所有方面保持警惕，就算是内心生气、急躁或是心情低落、失意，不管发生什么事情，都要让自己的行为平稳而温和。

我们往往不愿改变自己，总想着要改变对方，但实际上改变对方比改变自己辛苦得多，而且这种困难往往又会让自己的压力更大。这种方法可以实际感受到当自己发生变化时会对周围产生什么样的影响，从而找到改变自己的意义所在。

妈妈身上发生了变化，孩子立刻就能察觉到。

Point 你会通过这种方法实际感受到自己不发火时的心情竟然能够如此舒畅，就算是不发火，事情也能顺利进行。

不要忘记幽默

　　不要过于认真地对待每件事情，不要把事情想得比它本身还要严重。当你生气的时候，可以从发生的状况中寻找一些幽默来把自己从愤怒中解脱出来。幽默可以降低应激反应水平，让你的心情变得更加轻松，缓解生气带来的紧张感。

　　微笑会让表情肌作用于大脑，催生出一些积极的情绪来。另外，最重要的是与孩子共度欢乐的美好时光，能够构建与孩子之间的信赖关系。正因为和孩子在一起时的那些有说有笑的欢乐时光，才使你感觉轻松幽默的处理方法比批评时更有效。

Point　幽默和快乐，不仅在妈妈心理上起作用，也会对孩子产生好的影响。

可以与孩子一起做的愤怒控制法

当孩子发火的时候
一起试一试

1. 拍拍小胸脯

双臂在胸前交叉，轻轻拍打几下自己的胸脯。按照妈妈给小婴儿轻轻拍打后背的节奏来进行，对缓解紧张非常有效。

2. 握紧、松开小手掌

这与缓解肌肉有同样的效果。特别是对那些一生气就会握紧拳头的小孩子来说，力量一下子抽掉，紧张就会得到缓解。

想象着自己的手掌心里，愤怒突然被抽走的感觉。

石头

布

3. 原地跳跃

身体站直，原地上下跳几下，就会让愤怒从身体里溜走。如果家里的兄弟姐妹要打架，就命令他们"你们几个马上原地跳跃！"这样如何？

4. 数到6

让冲动过去的魔法6秒钟。在读秒的时候，跟孩子约定好不能突然说话或运动。当确认好自己的心情已经平静之后，开始行动。可以自己不断练习，直至养成习惯。

当孩子还小的时候，让他自己去控制非常困难。爸爸妈妈可以一直等着他直到他能够掌握。

当孩子发火的时候
一起试一试

5. 把愤怒画下来

发泄愤怒的一个健康方法就是把它用画的形式表达出来。画完之后就把它揉成团，扔到垃圾桶里……想象着自己放开愤怒而不再纠结。

6. 吹气球

把肚子里的空气吹到气球里，就像是把愤怒封印在了气球中，然后再慢慢放气。重复这个动作直至心情畅快为止。但要注意不要让愤怒一下子爆发出来，或是气势汹汹地吹气球，而是要向孩子灌输轻轻地、适量地向外散发的感觉。

7. 伸展肌肉

伸展在缓解肌肉紧张方面，不管大人小孩都有一样的效果。特别是当孩子哭到快要抽搐的时候，给他的主要肌肉做按摩能够让他镇定下来。

8. 抚摸让人心情平静的物品

如果孩子有护身符，喜欢的毛巾或是小玩偶等一些能够让心情平复的物品的话，控制愤怒的方法就比较容易奏效。如果能够带到幼儿园或学校的物品很有限，就为孩子准备好能够戴在身上的物品，让他感到安心。

不生气应对
不同场景

下面一章我们将选取几个容易对孩子
生气的场景，根据不同案例来看一下控制
愤怒的思维方式以及对孩子的说话方式。
一起探讨如何才能摆脱每日怒气中烧、唉
声叹气的状态，如何做到即便不发火也能
有效果。本章中的要点和补充说明的部分
也可以作为参考。

1 只批评对方的行为

2 把说话的视角放在未来

批评的

3 不能妄下论断

4 每次只集中在一件事上

第三部分和第四部分登场人物

 爸爸　 妈妈　 小贺　 妮娜

分别是性格沉稳的爸爸和奋斗在育儿一线的妈妈，上小学的小贺（哥哥）和幼儿园小朋友妮娜（妹妹）。

5 批评时要严肃，态度要坚决

6 说话直截了当

基本原则

7 仔细观察孩子的反应

只批评对方的行为

批评时一定要集中在对方的行为上。

草率的表达方式，有可能会否定对方的性格，或是深深烙在对方身上，会对孩子产生极大伤害。特别是孩子很小的时候，会把爸爸妈妈所说的话当成自己本身的问题，给自己贴上标签，因此要特别注意。

尽量说得具体一些也很重要，这样就可以让孩子明白自己到底是哪个地方做错了，也能够知道该如何改善。

✖ 你怎么这么拖拖拉拉？

⭕ 我跟你说你就行动起来！

✖ 你怎么这么粗鲁？

⭕ 不许乱扔书包！

✖ 你怎么这么邋里邋遢？

⭕ 快把衬衫收到裤子里面！

✖ 你这孩子一点儿都不可爱！

⭕ 你要坦率说谢谢哦！

✖ 你怎么满嘴脏话？

⭕ 不许那样说话！

 Point 具体指出行为，在夸奖孩子的时候也同样如此。

63

把说话的视角
放在未来

　　父母批评的目的在于寻求孩子的改善。如果责备孩子做不到的事情，就会让孩子失去积极性，降低能够改善的概率。

　　如果问孩子"为什么会这样"，孩子大部分情况自己都搞不清楚，如果一直追问，孩子就会说很多借口，父母就会更加生气。

　　我们要这样问："怎么样才能做好呢？"让孩子自己去思考。

✖ 为什么不做?

⭕ 咱们下次一定做哦!

✖ 你为什么那样?

⭕ 你觉得应该怎样做才好?

✖ 你怎么连这个都不会!

⭕ 咱们怎么做才能掌握呢?

✖ 我不是跟你说过吗?

⭕ 这次怎么办?

 Point 可以尝试把"为什么"换成

"怎么做才能……"。

不能妄下论断

　　要避免通过自己的偏信和成见来妄断事情发生的原因，不分青红皂白、劈头盖脸地责骂孩子。因为这是一种很容易引发孩子逆反、很难使其改善的批评方法。

　　"总是""一直""每天"这些词不可行，也不要使用过分夸张的表达。这不仅会让孩子开始反驳，也会让孩子觉得"自己做得好时不给表扬"，会导致孩子失去干劲。

✗ 为什么你一直都是不马上干，
总想偷懒？

○ 我跟你说你就马上行动起来。

✗ 你觉得你藏起来就不会被
发现是吧？

○ 不要隐藏，让我知道！

✗ 你每天都丢三落四！

○ 落掉的东西好像有点儿多呀！

✗ 你总是跟我对着干是吧？

○ 回答我！

Point "总是""一直""每天"这些词汇有可
能会导致说话论点偏离，因此注意不要说。

每次只集中在
一件事上

　　一生气就会忍不住这也说那也说的父母千万要注意这一点。因为你自己都不知道自己想说什么，更何况孩子？

　　当要批评对方的时候，一定要注意"当场就说"，就算是翻出旧账来，也很难让对方明白，也会冲淡现在想说的内容。

　　记住不要絮絮叨叨、拖拖拉拉，话一旦说完就结束。

不拿出要洗的衣物

✘ 你这么邋遢，上次也是快开学了，校服也没拿出来洗！

✘ 你连拖鞋都没洗，是吧？

✘ 因为你一直这么邋遢，所以老是落东西，老是迟到。

◯ 趁着还没忘，赶紧把要洗的衣服拿出来！

◯ 我再说一遍，把要洗的衣服马上拿出来！

 Point 如果一个劲地指责孩子，会让孩子觉得不是做错了事情，而是自己本身是个"坏孩子"。

批评时要严肃，
态度要坚决

　　大多数父母觉得发火、大声训斥有效果，是因为他们觉得这样能够把"我是多么的严肃"传达给对方。

　　但比起感情上给孩子施加压力，用严肃认真的语气批评更有效果。

　　我们可以弯腰或蹲下，保持与孩子视线高度一致，紧盯着孩子的眼睛，用非常认真的语气慢慢地、清楚地、坚决地跟孩子说话，这样比大声训斥更能把严肃的态度传达给对方。

✕ 一边做别的事情一边批评。

→ ◯ 保持视线高度一致，紧紧
盯着孩子的眼睛进行批评。

✕ 以随便的语气说。

→ ◯ 坐在孩子面前，面对面说。

→ ◯ 不要声音太大，慢慢地说。

✕ 被孩子的气势压制，迎合孩子。

→ ◯ 用非常坚决的态度，认真
严肃地说，该批评的地方
绝不让步。

Point 当你夸奖孩子的时候，表达喜悦的时候可以
感性一些，但当你批评孩子的时候一定要理性。

说话直截了当

　　批评好多次孩子仍是不听，我们的批评就会变得拐弯抹角、啰里啰唆。我们希望孩子能够从我们含蓄的表达、厌恶的神情和态度中明白，但这往往是效果特别弱的批评方法，因为这很难把我们的心情传达给对方。

　　批评的时候，要选择孩子能够听懂的话语，直接地"要求"，这种形式是最容易让孩子理解的表达。

✘ 反正你就不想干呗！

○ 现在马上去做！

✘ 那种事情不做也罢！

○ 分内的事情要做好！

✘ 你为什么总是磨磨蹭蹭？

○ 抓紧干完！

✘ 你要让我等多久才算完？

○ 我在等你，所以要快一些！

Point 如果觉得孩子能够做好，要跟孩子说"再来一遍"，还要注意在批评之前斟酌的表达形式。

仔细观察
孩子的反应

我们在批评孩子之前，首先要仔细观察。

孩子到底是心怀恶意，还是无法判断善恶？抑或是单纯失误造成的后果且本人也在反省？我们要按照孩子的年龄段和理解程度，使用不同的批评方法。

批评之前一定要仔细观察孩子的情况，千万不要过于严厉追究或是故意冷淡，而是要采取负责的应对方式。

孩子还不能判断善恶。

→ ○ 用孩子能够听懂的话来告诉孩子为什么不可以。

做了明知道是错误的事情。

→ ○ 只是单纯想引起父母的注意：
关注孩子没有被满足的深层情感，并使用相应的表达方式。

→ ○ 出于恶意而为之：
必须要加以批评，注意选择恰当的方式。

孩子本身在反省。

→ ○ 没有必要继续追责，在一旁关注着孩子自己"进行道歉""带着责任地进行事后处理"。

 Point 夸赞和批评的最佳比例大概是 7:3.

让妈妈生气的事情排行榜

Top 10

妈妈们常常在生活中被时间追赶着，沐浴在周围人的灼灼目光中，为必须管教孩子而着急，为孩子的一些行为而上火……在很多经常出现的让妈妈们生气的场景中，我们让妈妈们去投票选择最让她们恼火的三个场景，下面就介绍排在前10位的场景。

（该问卷调查是通过"株式会社 Marketing Applications"运营的调研网站 research. ann-kate.jp 从2019年3月8日至3月15日对150人进行的调查）

第1位
不收拾整理
→ p.78

- 东西乱得看不见地板，他们也能挪挪位置继续玩，这是为什么？
- 告诉他们必须收拾房间，他们只是把东西堆到墙角……

第2位
晚上熬夜不睡觉
→ p.84

- 想着孩子睡后可以放松一下看看电视剧，结果孩子就是不睡觉，所以很生气。
- 说一些"手指头麻了"等很琐碎的事情吵着不睡觉。

第3位
穿衣服磨磨蹭蹭
→ p.136

- 系开衫毛衣的扣子要花5分钟。
- 不仅是穿得慢，还嫌衣服不好看！

第**4**位　不吃精心准备的饭菜 → p.90

- 不吃我做的饭，那就去吃学校的饭去！
- 最近一段时间还吃得好好的，今天怎么回事？

第**5**位　声音吵闹影响他人 → p.116

- 自己都想大喊"我能听见"！
- 自己的声音也不自觉地变大了，好累……

第**6**位　自己该做的事情不做 → p.98

- 不要老让我监视着你行吗？
- 提醒完小儿子，结果他打报告说"姐姐也没做"！

第**7**位　做一些危险的事情 → p.102

- 就不明白为什么小孩子都喜欢爬到那么高的地方？
- 这个世界上最吓人的地方就是停车场。

第**8**位　一旦出去玩就拉不回家 → p.106

- 和出去喝酒迟迟不归的丈夫一样！
- 和去小朋友家玩一样，到傍晚接他回家的时候，总能听见他叹气说"啊，妈妈来了"，什么情况？

第**9**位　把食物当玩具玩 → p.126

- 因为孩子一直在吃着玩，所以餐桌一直乱七八糟！
- 一催他，他就只吃好下口的饭团，真担心营养不够！

第**10**位　弄脏弄坏家里的物品 → p.134

- 如果非要弄脏的话能不能挑一些能洗的？
- 撕烂从别人那里借的书，感到浑身的血都冲上了头。

令人头痛的熊孩子行为 case 01

不收拾整理

✖ 错误的说话方式

> 为什么不收拾?

> 怎么老是我在给你收拾?

> 你到底什么时候收拾?

Point

如果过分强调和责备孩子没做好的事情,会让孩子越来越觉得自己不善于收拾,因此我们要在他们能够收拾干净的时候予以表扬,这样会更有效果。另外,要动脑筋给孩子创造一个他们自己也能轻松收拾的环境。与其使用各种威逼利诱手段强迫孩子收拾,不如让孩子能够开心地做这样的事情,这样会有更加长期的效果。

把视角放在未来

**可行的
说话方式**

要把书放在书架上哦！
—— 直接说明，重复多次！

今天收拾得非常整齐！
—— 不仅要看孩子做得不好的时候，更要在他做得好时及时给予肯定。

玩具们说它们想回家了！
—— 利用孩子认为所有物品都有生命这一特性，把玩具拟人化之后告诉孩子，孩子们就会特别珍惜身边的物品。

令人头痛的熊孩子行为 **case 02**

一生气就出手打人

✖ 错误的说话方式

> 哎呀！你在干什么？

> 马上道歉！

> 你借给他不就行了？！

Point

　　孩子之所以会大打出手，是因为在语言上表达不出来。所以，我们也要教给孩子关注自己的心情，然后把它表达出来。与其告诉他们要忍耐，不如让他们掌握不发火也能表达心情的方法。这样不仅可以减少纠纷，也可以减少孩子自身的压力。

教给孩子代替打人的表达方式

**可行的
说话方式**

为什么打了他？ —— 不要借着教育孩子的名义马上责备他，而是要弄清楚孩子的内心所想。

哦，原来你是不喜欢这样呀。 —— 先暂时接受孩子的心情。在此基础上，再告诉他打人就应该给人道歉。

你要心平气和地跟他说"我的小熊，不要拿，还给我"。 —— 教给孩子如何表达自己想做的事情，以及为什么这样做。

令人头痛的熊孩子行为 **case 03**

提醒多次不停下

✘ 错误的说话方式

> 我早跟你说过，赶紧去做！

> 你差不多行了！

> 我说多少遍你才能明白？！

Point

　　熊孩子犯的错误再加上自己内心"怎么又犯"的想法就相当于火上浇油。之前大声责骂后奏效的经历也使得自己不由得再次大声责骂，但长此以往，矛盾就会不断升级。因此，把想去批评的事情集中在一点，就能知道自己想传达给对方的到底是什么。

在愤怒的温度值上不要再加"怎么又犯"的想法

可行的说话方式

| 我已经说过很多次了，你差不多可以记住了。 | 如果无论如何都想批评他，那就用这种表达方式："我都说了很多遍了，应该记住了。" |

| 如果觉得冷就穿衣服。 | 不要偏离本来想说的事情。与其大声训斥，不如用严肃认真的目光看着孩子，甚至还可以放低音量。 |

| 咱们可以用别的方法而不是浪费电是吧！ | 仔细向孩子讲清楚批评的原因和规则，直至对方明白。 |

令人头痛的熊孩子行为 case 04

晚上熬夜不睡觉

晚上 9 点

快睡觉吧!

睡不着!

30 分钟后

不要再说话了!

还有好多好朋友……

幼儿园

好棒呀!

好开心……

快睡……焦躁……焦躁

一小时后

啊!终于睡着了!

接下来就是我的时间啦!♡

郁金香的花……开花啦,开花啦,♪

……啊,又醒了!

✖ 错误的说话方式

你看看都几点了!

再不睡觉妖怪过来把你吃掉!

你再不睡觉,下次就不去游乐园了!

Point

就算是对孩子发火、威胁孩子,他也不会很快入睡。即使生气上火还是要度过难熬的睡前时间,但到底怎样度过就要看妈妈的心情。那就先接受这种无法改变的状况,再做一些力所能及的事情。

建 议

就算是生气上火也无法改变，
与其改变孩子，
不如改变生活方式

**可行的
说话方式**

咱们一起睡觉吧，等明天起来一起去……吧。

咱们差不多该准备睡觉了！

就算是着急上火、费尽心机也无法让孩子入睡，那就改变一下生活方式，最好的就是"一起睡觉，要处理的事情放在第二天一大早"。

提前调暗室内灯光，播放安静舒缓的音乐，换上舒适的睡衣，刷牙……设立好这些睡觉前的固定程序。白天让孩子尽情地玩，到晚上不要让孩子看手机和电脑，这一点也非常重要。

+ 还有妙招——与孩子一起做一些冥想（p.52）和肌肉松弛训练（p.50）也很有效果。

令人头痛的熊孩子行为 **case 05**

哭着闹着买东西

✖ 错误的说话方式

怎么又这样？今天不给买！

很丢人，你小声一些！

真是的……就今天一回，下次不买了！

Point

如果回应孩子的撒娇耍赖，实际上是在给孩子一种坏的"成功体验"。他会学到"如果自己哭着闹着缠着妈妈，妈妈一定会满足自己"这一点。因此当你决定好不准许的时候，就要对孩子坚决地说NO。必要的时候稍微忍耐一会儿来培养孩子的自制力。

说 NO 的界线不可以模糊。
一旦决定好不准许的
事情决不让步

**可行的
说话方式**

妈妈说过不可以的事情，你就算是耍赖我也不会允许！

在公共场合可能会顾及众人的眼光，无形中就产生了很大压力。因为孩子太吵而不得已给他买了他想要的东西，如果通过这种方式来解决的话，将来培育孩子就会越来越困难。

我会在你生日的时候送给你，所以你可以慢慢选择一个最想要的！

告诉孩子他合理的要求是可以满足的，但不是现在，让孩子在自己想得到的东西上排个先后顺序，教给孩子期待某样东西也是非常开心的事情。

早上不叫不起床

✖ 错误的说话方式

你看看都几点了？！

昨天你都迟到了是吧？

你要是迟到我可不管你！

当你把"孩子能自己起床"看成一种理想状态的话，那就会在每次看到孩子不起床时怒火中烧，早上也就会非常累。这时候不如不做任何感性思维，就能够不消耗时间和精力，平稳地说服孩子起床。

就算是不发火，
也能叫孩子起床

**可行的
说话方式**

已经7点了，该起床了！

越是忙碌的清晨，越要淡然。可以重复多次直截了当的语句，不要废话，也不要交谈，而是更加事务性地去处理。

到该起床的时间了，
时间已经很迟了！

要非常清楚自己按时把孩子送出家门是父母的职责，因此要不断地催促孩子。

我已经第三次叫你喽！

令人头痛的熊孩子行为 case 07

不吃精心准备的饭菜

✖ 错误的说话方式

我火急火燎地给你们做饭，你们不吃算什么？

你们想想我都是为了谁？！

我精心准备的营养搭配的饭菜，必须全部吃完！

Point

当自己的辛苦劳作变得毫无价值时，妈妈心里认为的"应该"没有实现，这些往往都会引起愤怒。虽然嘴巴上会说为了孩子，但有时这样会掉到"理想母亲形象"的陷阱里。

不要因为自己心中的
"应该"而拼命

**可行的
说话方式**

> 我辛苦做好的，如果你们不吃我会感到伤心！

以自己为叙述主体，把自己所思所感直接传达出来也 OK。不要因为要解决自己的问题（自我满足）而责怪孩子的问题（肚子不饿）。

> 那如果现在不吃就当明天的早饭吧！

就算是大人也有没有食欲的时候，参考"与愤怒和平相处的4大步骤"步骤3的②（p.32），扩大能够原谅的范围，不要过于认真。

91

不说 "谢谢"

✗ 错误的说话方式

> 为什么不说 "谢谢"？

> 你不懂礼貌我都感到害羞……

> 让别人觉得我教育不好孩子似的！

Point

对于孩子来说，父母的言传不如身教更有影响力。孩子们会经常观察着妈妈在做什么。不要责怪孩子做不好，或是认定孩子是 "没用的孩子" "让人丢脸的孩子"，而是让孩子看着自己做，通过这种方式来教育孩子。

建 议

父母在做就没有问题
身教胜于言传，
孩子自然会模仿

**可行的
说话方式**

是不是该说"谢谢"啊？ ← 虽然父母特别想让孩子自己主动道谢，但如果孩子做不到也不要责怪，只需要教给他直至学会为止。

小贺（孩子的名字），谢谢！ ← 在日常生活中，如果妈妈经常对孩子说"谢谢"，孩子早晚都会学会感谢。

令人头痛的熊孩子行为 **case 09**

行动迟缓

不管是出门前的准备、第二天上学的准备，还是需要帮忙的事情、该做的事情……孩子们都应该了解时间的紧迫，但就是不知道他们在纠结什么细节，最终收尾特别慢……

我让你叠的衣服叠好了吗？

嗯，叠好了！
（叠好是叠好了，叠得过分仔细了！）

✘ 错误的说话方式

抓紧！你能不能快点？！

↓

真是的，怎么这么慢……

↓

行了，我来收拾吧！

 Point

不管是否在等待孩子，大人都不要因为个人的情况而改变批评的标准。与孩子在一起的时候，人们往往会改变时间流动的开关。当代人都不太擅长等待，也有说法认为不能等待别人的人是易怒的人。

把等待的时间
看成孩子成长的时间

**可行的
说话方式**

> 不用着急，咱们一个一个解决！

如果孩子自己能够处理的事情，大人代行的话就相当于宠溺，可以允许孩子撒娇，但对其宠溺则不可以。

> 没关系，我会等你！

一定要明白小孩子绝对不可能跟大人的速度一样快。如果明白了这一点，等待的过程就不会那么焦躁了。

> 今天没有时间了，放到以后再做吧！

如果孩子仍旧不明白大人在催促，那就向孩子讲清楚今天做什么、不做什么。

没有耐心等待

✖ 错误的说话方式

> 吵死了！给你手机，玩游戏去吧，别说话！

> 我在这里排队，你去那边玩！（因为太吵了）

> 安静下来！我会想想办法排到前面去。

Point

　　能够等待的孩子自制力较强。而自制力不是对他发火就能培养出来的，而是通过训练才能培养的。研究发现，孩子一旦有了自制力，后面的学习能力也会相应提高。自制力与是否容易发火也有一定关系。

"等待""忍耐"就是自制力
在日常生活中形成的能力

**可行的
说话方式**

大家都很着急，但还是要排队哦。

前面还有两位，估计还剩5分钟。

为了让孩子积极主动地等待，需要让他知道等待的理由和需要等待的时间，如果孩子能够等待，要及时给予奖励，这非常有效。

＋还有妙招——纸牌游戏、桌面游戏等需要按顺序来的游戏也可以训练等待能力。

令人头痛的熊孩子行为 case 11

自己该做的事情不做

✖ 错误的说话方式

你说到5点就开始做作业的吧?

为什么还在看电视?

为什么还不做?

就算是一个劲儿地追问为什么,也不会有任何效果。如果想让孩子自觉,就问他"你觉得什么时候才会去做作业",让他自己去思考。比起被妈妈逼迫着去做,按照自己想出的方案来做更有干劲。在此可以参考批评的基本原则②(p.64)。

不要问"为什么"，而是问"怎么办"，让孩子自己思考

可行的说话方式

你要怎样才能够开始写作业？ ← 让孩子隐约感受到自己也需要一个如何开展某项事情的策略，而且让他自己思考。

你大概几点开始才能在晚饭前做完？ ← 让孩子对时间安排有个具体的印象。妈妈脑海里自动浮现的事情也可以用语言表达出来给孩子。

我知道了，那就试一下吧。 ← 即便是孩子自己想出的方案，也不是所有的都能马上做到。Try and Error，不断试错，孩子不能做到的时候也不要责备，让他想出另外一个方案，不断重复直至想出一个能够做到的方案为止。

令人头痛的熊孩子行为 **case 12**

不守诺言

✖ 错误的说话方式

真是的，不要让我每天提醒你！

我知道了，你可以不用做了！

我对你很失望！

要把"希望孩子增加的行为""希望孩子减少的行为""应该及时停止的行为"分开考虑。要想让孩子多做"希望他增加的行为"，我们大人就要多关注孩子做得好的时候，并及时给予肯定和鼓励，这样是最有效果的。

多关注孩子做得好的时候，
给予肯定和鼓励

**可行的
说话方式**

今天你能很好地遵守诺言，谢谢你！

> 不能只关注孩子做得不好的时候，也要关注孩子做得好的时候。

你今天非常自觉了呢！

> 当孩子有进步和成长的时候，要及时给予肯定。大人没有说孩子也做了并不代表"从此以后都可以自觉"，孩子如果没有意愿去做，让他变自觉也是非常困难的。

我没有说你就遵守了约定，我非常高兴！

> 如果孩子能够感觉到自己被关注、被肯定，就会变成做事情的动力。妈妈直接把自己开心的心情传达给孩子也是正确的做法。

令人头痛的熊孩子行为 case 13

做一些危险的事情

✖ 错误的说话方式

> 太危险了不行！

> 你在干什么？会掉下来的！

> 我说你呢，不要跑！

Point

"不要……" 这样的指令在大脑中很难一下反应过来。"不要跑" 在孩子听来只剩下 "跑"，很难与 "停止跑" 联系在一起。因此像 "停下" 这种想让孩子做的事情说得更具体一些，能把信息更顺利地传递到孩子的大脑中并迅速作出反应。

用"你要⋯⋯"
代替"你不要⋯⋯"

**可行的
说话方式**

危险！看两边！

如果孩子要做危险的事情，需要当场批评制止。对孩子说的时候也要尽量避免"不可以做⋯⋯"，而是具体指示孩子"希望他做"的事情。

下楼梯的时候注意脚下安全！

应该在哪方面当心注意，要具体说出来。

汽车开过来了！

当孩子沉迷于眼前的事情，大人就要用简单明了的语言告诉孩子危险。

兄弟姐妹之间经常打架

孩子们之间虽然平常关系不错，

但往往会因为谁先玩玩具，相互之间争夺等，

马上开始争吵打架。

 躲开这里，因为我正在这里玩。

我也想在这里玩！妈妈，哥哥欺负我！

✖ 错误的说话方式

> 吵死了！！你们快别打架了！！

> 你们谁做错了，赶紧道歉！

> 不管怎样赶紧和好。

 Point

本身兄弟姐妹吵架也是一种社会经验的积累，但以伤害对方为目的的打架是绝对不可以的。把自己的心情传达给对方，解决双方问题是最终目的。孩子之间大打出手的这种解决方法在大人看来非常幼稚，但随着孩子不断积累经验最终会发生质的飞跃。大人只在有危险时才介入。

培养处理矛盾能手，
重点是找到互相可接受的条件

**可行的
说话方式**

你们自己试着解决一下问题吧！

➝ 大人在一旁静静看着就可以。虽然有时候可能特别想插嘴，但这时一定要忍住。

要告诉对方你想怎么样，你要怎么样，你们相互之间商量一下。

➝ 如果能够注意在日常生活中使用"我感到"这样的表达，会非常有效果。即便是小孩子，也能够站在自己和对方的立场上，考虑能够双赢的解决办法。

令人头痛的熊孩子行为 **case 15**

一旦出去玩就拉不回家

✖ 错误的说话方式

> 我不是跟你说到回家的时间了吗?

> 如果你不听话,我们再也不过来玩了!

> 不要任性!

Point

趁着孩子还小的时候,提前把回家时间等规则定下并坚持执行,这样教育孩子的过程就会非常轻松。但如果到了孩子能够恪守规则的年龄,偶尔大人可以稍作让步,给孩子"自己的心情被优先考虑"的感受,以构建相互之间的信赖感,如此一来,当大人不能让步的时候,也能更容易得到孩子的理解。

玩之前定好规则，必须遵守，
在玩的中途就提醒孩子时间

**可行的
说话方式**

还有15分钟就要回家了，差不多该收拾了。

在孩子六岁以前，不要责备，不要威胁，也不要改变规则。稍早一些开始提醒，妈妈也要遵守定好的时间。

咱们能不能约好，回家以后在我做饭的那段时间，你先去洗澡呢?

到了孩子七八岁的时候，把时间的自由使用权给予孩子也很有效果。当孩子感觉到被尊重，被当成大人看待的时候，时间意识也会提高。

爱挑食

✖ 错误的说话方式

为什么吃不下?

你别挑食了!

你要是那样,不吃算了!

Point

　　需要考虑的是,自己希望孩子做到什么程度才不至于让内心的怒火燃烧起来。自己心中认为的"绝对不应该挑食"也要根据现实放宽松一些,孩子摄取了最基本的营养就可以认定合格。千万不要因为自己做饭辛苦,而放任情绪发泄。

考虑最低限度，
让妈妈心中的"应该"
变得更灵活

**可行的
说话方式**

你先尝一下再说喜欢不喜欢吃，好不好？

不要太纠结于理想和自己心中的"应该"，为了能够让孩子更接近理想状态，更要以平静的语气跟孩子说话。

一起吃饭，饭就会很香哦！

不论孩子吃不吃饭都要创造一个开心的就餐氛围，从落座面对饭菜开始。

＋还有妙招——一起做饭。利用在外就餐的机会，挖掘孩子喜欢的食物味道，或是让他们记住自己喜欢的食材和做菜方式。

晚上一个人胆小害怕

深夜睡觉的时候，

感到有人在摇晃自己，

睁眼一看，原来是孩子，紧紧盯着自己。

（晃动着叫醒妈妈）我不敢一个人上厕所……

（啊？什么呀！你叫爸爸不行吗……好困……）

✖ 错误的说话方式

你害怕什么？

你已经长大了，自己一个人去！

真是胆小鬼！

Point

大人觉得不在意的事情，孩子有可能会当真，而且会很害怕。不要把孩子的这种想法不当回事。右边一页中的应对方式，也适用于孩子青春期以后面对莫名不安的时候。

不要否定孩子的心情，
帮助孩子排除内心的恐惧和不安

**可行的
说话方式**

你觉得会发生什么事情呢？

如果恐惧和不安的对象非常模糊不清的话，就很难找到应对策略，从而导致更加恐惧不安。通过让孩子具体地思考，来帮助孩子找到适合的应对方法。

那如果发生了你要怎么做？
你能做些什么呢？

不仅仅是孩子产生了恐惧不安情绪的时候，有时间就可以和孩子一起思考具体如何做。

扭扭捏捏不回答问题

✖ 错误的说话方式

快，好好回答，有什么害羞的！

大家都能做到，你怎么就做不到？

（妈妈代替孩子回答了所有问题）

Point

　　有无数理解性格的方式，认生的孩子往往是对家人比较依恋。如果父母都不认同孩子的性格，那孩子自身也很难接受自己。我们需要用认同孩子的说话方式来培养他们的自尊心，不要与其他孩子攀比，要在养育的过程中更多地关注孩子好的地方。

无论是扭捏还是矜持，
都要积极地去理解孩子

**可行的
说话方式**

你是不会回答，还是不敢回答呢？

老师听不到你的回答是不是会很伤心呀？

首先要用"最起码"来应对。有时候妈妈会不得已代替孩子回答问话，但当孩子回答不上来的时候不要责备，而是设法不断给孩子回答的机会。

让孩子想象对方的心情，慢慢教给孩子摆脱以自我为中心的对话方式。可以在不否定孩子性格的条件下，教给孩子很多事情。

令人头痛的熊孩子行为 case 19

随便动用他人的物品

✖ 错误的说话方式

用完之后别让哥哥发现放回去！

↓

哥哥会生气的，赶紧住手！

↓

哥哥不是说过不可以吗？
你为什么进哥哥的房间？

Point

　　虽然小弟弟小妹妹会非常好奇哥哥姐姐做的事情或拥有的物品，但还是要告诉他们家人之间也是有隐私的。学会尊重他人的隐私，理解他人的心情，抑制自己的好奇心，孩子自身控制感情的能力就会得到提升。

114

建 议

即便是家人，
也要相互理解和尊重

**可行的
说话方式**

偷偷使用别人的东西是不对的！

我说过不许擅自进别人房间是吧！

哥哥姐姐说过不喜欢的事情，不要去做！

不要因为没有人看到而做坏事，要尊重别人的隐私，这些都是社会规则。不要忘记家庭就是孩子最先接触到的社会。

不要无视别人说过的话，尝试站在对方的立场上去思考，这些都是很好的锻炼。

令人头痛的熊孩子行为 case 20

声音吵闹影响他人

✕ 错误的说话方式

> 吵死了!

> 这么点小事不要大吵大闹!

> 真丢脸,快停下!

 Point

小时候不被允许哭泣、发火的人,长大以后也会无法忍耐吵闹的孩子,而表现出非常强烈的愤怒,或是遇到想大声哭泣的事情却哭不出来,自己的深层感情就会无法倾泻出来。

注: 玛利亚·卡拉斯,著名的美籍希腊女高音歌唱家。

能够表达自己的情绪
就是相互信赖的证明

**可行的
说话方式**

怎么了？你要是能告诉我你的心情，我就能理解。

理解孩子的深层情感，让孩子立刻停止声嘶力竭的哭泣是非常困难的。当孩子陷入混乱时，大人最好一直拥抱着他直至他心情平复。

妈妈耳朵都痛了。

在日常生活中就要养成用语言表达自己感受的习惯，这样养育孩子的过程就能轻松许多。

令人头痛的熊孩子行为　case 21

总爱找借口

✖ 错误的说话方式

> 你老是找同样的借口！

> 你闭嘴！

> 你说的 "大家" 都是谁？

Point

　不当的批评方式，会引起孩子的逆反心理，让孩子认为家长蛮横无理，孩子就会找借口搪塞。改换说话方式，采用能够让孩子发觉错误和进行反省的说话程序。穷追不舍的逼问方式，往往会引发孩子的自卫心理而让孩子找借口。这里参考批评的基本原则②③（p.64~67）。

用正确的批评方式，
防止孩子找借口

**可行的
说话方式**

> 你觉得当时应该怎么做才对？

> 你说的这些我都明白，但更
> 重要的是……

> 嗯，我知道了。妈妈想说的
> 是……

批评孩子的时候，尽量少用责备的
语气，从而减少孩子找借口的行为。

如果对孩子的借口和顶撞发火的话，
就会让原本想说的事情变得不那么
重要了。不要受孩子借口的影响而
偏离了论点，而是对想说的事情有
的放矢。

令人头痛的熊孩子行为　**case 22**

一直玩游戏

✖ 错误的说话方式

> 你适可而止吧！

> 你怎么还在玩？

> 你要什么时候停止，老说话不算数！

Point

　　开头很关键。当给孩子买游戏机的时候就定好规则，这一点至关重要。定好规则后，再教他遵守规则。提前定好不遵守规则的惩罚，并坚决执行。如果时间管理和贯彻规则都听任孩子自身意愿的话，执行就很困难。

明确界线，
不能只听孩子本人意愿，
大人也要对规则敏感

**可行的
说话方式**

> 还有10分钟到约定时间了。

如果大人把规则强加给孩子的话，孩子很难去遵守，所以要用商量的方式制订能够共同遵守的规则。

> 到9点就把游戏机拿到客厅里充上电。

父母要比孩子更能遵守约定，不遵守约定的惩罚，必须是能够执行的、可见的惩罚，这些惩罚都要提前规定好。

撒谎

✖ 错误的说话方式

> 你想骗妈妈吗？

> 你觉得不会露馅是吧？

> 坏孩子才会总是撒谎！

Point

　　不要过分夸大，一上来就劈头盖脸地训斥孩子，而是要认清孩子行为背后的心情和缘由。根据孩子是否心怀恶意，做出事情的严重程度来考虑不同的对策。爸爸妈妈中的一位扮演黑脸严肃批评之后，另一位要及时跟进，不要在训斥完孩子后把孩子晾一边，也千万不要在孩子老老实实地坦白之后再去训斥。

建 议

不要急着批评，让孩子自己考虑"当时应该怎样做"

可行的说话方式

发生什么事情了，你自己说一下！

如果大人用责备的语气去批评孩子，孩子就会找借口甚至撒谎。大人要以"如果老实交代还有可能挽回"的姿态来对待已经发生的事情。

我们应该怎么处理才好呢？

以有问题大家一起解决的姿态，让孩子自己去考虑对策。

令人头痛的熊孩子行为 case 24

做错事不道歉

✖ 错误的说话方式

为什么不道歉？

是你做错了吧？

不要顶嘴，快道歉！

Point

　　把孩子当罪人一样去责问，往往会让孩子对道歉产生抵触心理。孩子能够自觉道歉的时候，大人就要马上接受道歉，对孩子道歉的行为进行肯定，并结束说教。孩子通过积累这样的经历，就会慢慢学会道歉有助于修复人际关系的道理。

让孩子明白说"对不起"并不是认输，而是通过道歉修复人际关系

可行的说话方式

> 这样啊，你不是故意的啊！

孩子不想马上道歉时，需要先听一下孩子内心的想法，在最初阶段与孩子产生共鸣是非常必要的。

> 但是，伤到了对方的时候就要说"对不起"哦！

让孩子不要把"道歉"想得太重，告诉孩子道歉是用来修复人际关系的工具。说"对不起"并不是往自己身上贴"坏孩子"的标签，也不是判断孰是孰非的标准。

> 你跟我道歉我很感谢，刚才妈妈可能说得有点过分了，对不起！

相互道歉就可以给对方一个台阶下。当孩子道歉之后，就不能再唠叨地说个没完了。

令人头痛的熊孩子行为 case 25

拿食物当玩具玩

✖ 错误的说话方式

哎呀！赶紧停下！

你为什么总是这样？

太没礼貌了！会弄脏衣服的，赶紧住手！

Point

"与愤怒和平相处的4大步骤"步骤3中的②（p.32）讲到了把"可原谅的范围"扩大，为了做到这一点，需要考虑大人自己能做些什么。例如把吃饭玩耍当成小孩子的共通点来看待，心情就会放松许多，或是创造一个弄脏也没关系的环境等。如果孩子在吃饭时很容易分心，那就可以让他面墙而坐，这样也很有效果。

建 议

为了扩大可原谅的
范围而打造就餐环境

**可行的
说话方式**

我们吃饭的时候可以不弄脏吗？

如果我们提前创造一个即便稍微弄脏也没有关系的就餐环境，就不用每次吃饭时生气了。

饭团的里面会是什么呢？

可以说一些让孩子集中精力在吃饭这件事上的语句。

我开始数数喽，吃一口要在嘴巴里嚼20下哦！

不爱洗澡

✖ 错误的说话方式

> 快！别磨磨蹭蹭的！

> 我说你能不能快点洗！

> 你要玩到什么时候？

 **Point**

　　要想让孩子行动起来有两种办法：一是给孩子危机感，另外一个是让他对这件事情充满期待。对孩子发火就是在给他危机感，这确实在短时间内很有效果，但孩子习惯之后就很难起作用了。我们大人可以帮孩子去除掉讨厌做某事的因素，用"做起来会很开心"等积极的方面来诱导孩子。

先不要生气，
想想问题背后的原因

**可行的
说话方式**

> 咱们在浴室里玩泡泡浴吧！

给孩子创造一个"进浴室是开心时刻"的印象。

> 你为什么讨厌洗澡呢？我觉得洗完澡后喝果汁还是挺爽的！

讨厌洗澡的孩子，往往是觉得浴室很冷，或是讨厌眼睛里进水，抑或是不太喜欢自己玩游戏时被打断等。

把这些因素排除掉，创造一个孩子喜欢洗澡的环境，那将是效果最持久的方法。因此，我们先去分辨一下孩子讨厌洗澡的具体原因吧。

+ 还有妙招——可以用防水音响播放音乐，也可以和孩子一起挑选沐浴用品，允许孩子在吹干头发的时候玩游戏等。

妈妈一离开就哭

✘ 错误的说话方式

> 妈妈必须要走了！

> 没关系，幼儿园里还有老师和小朋友呢！

> 你别让我为难哦！

Point

　　强硬地把孩子留在幼儿园往往适得其反。妈妈的意向越是朝向下一个进程（跟孩子自己无关的事情）越会加深孩子与妈妈离别的深层感情，妈妈的焦躁也会让孩子更加不安，因此需要在妈妈赶往下一个计划之前，先关注一下眼前孩子的状态。

大人的说话方式
要能体贴孩子的心情

**可行的
说话方式**

你去上学，妈妈也会变得非常寂寞，但咱们都要加油哦！

—— 分担并减轻孩子的不安心情。

要玩得开心哦，回家后一定跟妈妈讲一讲你今天玩了什么哦！

—— 通过让孩子有意识地给妈妈汇报，会让孩子觉得不在一起的时候，妈妈也能同样感受到。

你觉得怎样才能笑着跟妈妈说再见呢？

—— 接受孩子的心情，问孩子如何才能平静下来。在孩子着急的时候问孩子，孩子也不会很快回答上来，所以趁着孩子安静的时候跟他说说话。

令人头痛的熊孩子行为 **case 28**

学校的通知不主动传达父母

学校老师打来电话了，
不过看孩子活蹦乱跳的，
会是什么事情呢……

小贺妈妈，本来上周末就要交上来的调查问卷，小贺今天还没交……

啊，是这样啊！调查问卷……我问问孩子吧，对不起……

✖ 错误的说话方式

我每天都跟你说，你怎么就是不拿出来？

全怪你，我都收到老师的警告了！

我可不管你了！

Point

　孩子总有做得好的时候，也有做得不好的时候，不可能一下子都能达到妈妈的理想状态，因此妈妈要反复叮嘱加上应对策略，慢慢让孩子做得越来越好。回想一下"与愤怒和平相处的4大步骤"中步骤3中的三个圆（p.32），思考如何做才能向中心圆更近一些。

小步向中心圆（p.32）靠近

可行的
说话方式

今天有学校通知就拿出来哦！

只要想起来就直接地、不厌其烦地告诉孩子，为了让孩子养成习惯，就要尝试多种方法和技巧。

书包里的物品每天都拿出来整理一次，第二天再收拾好放回去！

不断塞东西进书包，书包里就会乱作一团。但大人就算是再想出手帮忙收拾，也要睁一只眼闭一只眼，让孩子本人养成收拾书包的习惯。

+ 还有妙招——为了避免大人小孩都忘记，最好准备一个专用文件夹放在书包里，提醒孩子专门放学校的通知，然后把提交通知的事情写在时间安排表里等。

令人头痛的熊孩子行为 case 29

弄脏弄坏家里的物品

✖ 错误的说话方式

> 我就知道你会这样！

> 还会洒的，赶紧住手！

> 我要说你多少次你才能记住？！

Point

大人预测孩子可能会出错的事情，孩子本人则会无缘由地相信自己能够做到。不要否认孩子"能够做到""可以做好"的心情，这一点非常重要。不要片面断定孩子做不好，而是告诉孩子"只要小心就可以做到"。

比起批评,
鼓励的话语更有效果

**可行的
说话方式**

> 杯子里装得太满的话容易洒哦!

— 向孩子具体说明什么地方应该注意。

> 要小心每一个动作哦!

— 摆出鼓励孩子成功的姿态!

> 要是再小心一些就不会有问题了!

— 如果孩子不小心洒了果汁,不要以责备的语气训斥孩子,而是告诉孩子哪些地方做得不足。无论什么事情都不要让孩子丧失信心。

令人头痛的熊孩子行为 case 30

穿衣服磨磨蹭蹭

✖ 错误的说话方式

> 真是的，快一点！

> 我每天早上都跟你说，你怎么就是不明白？

> 怎么回事，你怎么还没有换衣服？

Point

想让孩子意识到抽象的时间流动是非常困难的。如果妈妈内心镇定自若，就不会感到焦虑，这是能够持续催促孩子的秘诀所在。就当自己是个汽车导航，不指责，不威胁，不说嫌弃的话，一步步地指示催促孩子，按时把孩子送出家门。

"知道"与"做到"不一样，正因为"做不到"，所以才指明具体该做什么

**可行的
说话方式**

> 洗完脸，刷牙，吃饭，换衣服，背上书包，穿好鞋子。

发出一些即使孩子处在迷迷糊糊的状态也能做到的指令。在孩子做好每一项之前就要不停说！也可以以做游戏的形式进行。

> 刷牙刷得好仔细啊！早上咱们可以试一下加快速度刷牙。

即便是孩子晚上特别喜欢做的事情，也要提前对孩子说好早上要把时间放在第一位。最好不要忘记夸奖孩子。

＋还有妙招——在钟表上贴上便签纸，或是把写有必做事项的钟表画贴在墙上，通过这些手段，让早上该做的事情可视化。

令人头痛的熊孩子行为 case 31

对朋友使坏

小贺的同班同学中，

有一个与小贺脾气合不来的孩子，

这位同学跟小贺搭话时，小贺总是装作听不见，

或是跑到别处玩。

什么？什么？快跟我说说！

啊，咱们去外面玩投球吧！

好啊！

走吧！走吧！

✖ 错误的说话方式

你怎么心眼儿这么坏？

你这样做真差劲！

你是不是在欺负别人？

 Point

孩子欺负别人，往往是因为内心没有得到满足。首先要考虑的是如何满足孩子的心理需求。把孩子的感情和行动分开来考虑，就能找到改善的方法。

138

首先要关注孩子的深层感情，
只批评孩子的行为

**可行的
说话方式**

> 你有什么样的心情？

听听孩子的深层情感，先不做任何批评而是全部接受下来。仅是理解孩子的情绪就能让孩子的心情稍微平静一些。

> 我理解你的心情，但是，你这样的行为不太好，咱们去给人家道歉吧！

告诉孩子，理解他的心情并不代表他的行为是正确的。

令人头痛的熊孩子行为 **case 32**

不说原因只是哭闹

❌ 错误的说话方式

说呀，你到底哪里不满意？

你快说，哭什么？

你别急，别闹！

Point

在孩子学说话的过程中，妈妈的力量不可或缺。孩子自己无法表达的心情，妈妈可以通过揣测的方式来帮孩子表达。通过这种方式，孩子就会慢慢学会表达不同"心情的名字"。给心情命名，就可以让孩子从含糊不清中摆脱出来，学会用语言来传达自己的心情。

孩子表达不出来时，
妈妈不要着急，
努力帮孩子表达，
给心情命名

**可行的
说话方式**

你是吓到了吧?

是不是很为难?

千万不要被孩子焦急的心情传染，
而是努力地帮孩子表达心情。

你是感到悲伤吗? 是感到
孤单吗?

表达尽量关注深层情感，孩子一旦
掌握，后期的交流就会比较轻松。

说不出话来，真是很着急啊！

即使无法正确地帮孩子表达出来心
情，也要不断地与孩子沟通。

不愿去幼儿园或学校

妮娜好不容易成为一名幼儿园的小朋友。

之前一直都很喜欢在外面玩，就是不肯上幼儿园。

 幼儿园校车马上来了，咱们要抓紧时间了。

（抽抽搭搭）我今天不想去幼儿园！

✗ 错误的说话方式

不许任性！

你去了就开心了！

我已经交钱了，你必须去！

 Point

入园入学，在孩子看来只是已然习惯的生活从此终结，因此心存不安也是理所当然的。家长不要意图改变孩子不愿上学的表面行动，而是要处理冰山之下的深层情感（p.20~23）。理解孩子的心情也能让孩子心情平复。

关注冰山之下隐藏的情绪

**可行的
说话方式**

在学校里比较开心的事情
是什么?

你是什么时候特别想回家呢?

过会儿你跟我讲一讲吧!

当孩子不能完全讲清楚发生的事情
时,大人可以只问孩子心情,以此
为切入点,话题就会慢慢展开。

不要对孩子在校的状态表现得漫不
经心,必要的时候要向老师询问一
下情况。

令人头痛的熊孩子行为　**case 34**

不顾周围危险到处跑

听说停车场频繁出现事故，

因此平日里就对孩子千叮咛万嘱咐，

但是今天刚到购物中心停下车……

去玩喽！去玩喽！

（说着起身就要飞奔出去）

等等！

✖ 错误的说话方式

不要跑！

不要撞到车门！

你怎么就是听不懂？

 Point

　　危险的事情、违反公共秩序的坏行为是"必须要制止的行为"，需要当场批评。能够让孩子停止该行为的原因，不是"会被批评"，而是让孩子自身会觉得"危险"，因此大人要想让孩子有这种安全意识，就要以询问的方式让孩子本人去想象，自己去思考。

144

不是因为会被批评
而停止危险行为，
而是让孩子自己觉得
行为危险而停止

**可行的
说话方式**

如果后面来车，会怎样？ —— 让孩子自己去思考危险行为之后
会发生什么。要向孩子明确批评
的原因。

你要等到妈妈打开车门才
可以动！ —— 向孩子明确具体要等到什么时间，
具体指出该如何做。

下车时要注意观察周围！ —— 孩子听了一次之后肯定会忘，因此
大人每次都要反复提醒，一直到孩
子能够自觉执行为止。

不喜欢参与集体活动

✖ 错误的说话方式

> 这样的话不就白带你出来了吗？

> 一点儿合作精神都没有！
> 快跟他们交朋友！

> 为什么你不跟他们玩？

Point

　　孩子天性各异，发育速度也各有不同。一个人也能玩得非常开心并不代表缺乏合作精神，因此不要把妈妈的"满意"作为评价孩子的标准。

不要把理想的孩子形象
当作批评标准

**可行的
说话方式**

你的精力好集中呀！ ← 如果孩子能够一直一个人玩，说明孩子的专注力很好。不和朋友玩也可以理解成孩子能够自立的证据。

要不要和大家一起玩一会儿？ ← 当看到孩子一个人玩够了的时候，抓住时机给孩子一个建议。

大家在做什么呢？ ← 当孩子找不到入伙的时机时，大人可以过去给孩子提供帮助。

不喜欢换衣服

这件衣服最显我可爱！♡

自我创造性还挺高！

又是同一件衣服？

哈……

昨天那件只是颜色不一样！

✖ 错误的说话方式

> 又穿这件？每天不都一样吗？

> 就像是我没给你买衣服一样！

> 一点儿都不好看！

Point

　　大人不要把自己的喜好、理想情况、"应该"强加给孩子。一旦唤起支配欲，对孩子的怒气就会增大。区分好"绝对不允许的事情"和"可以允许的事情"，尊重孩子自身的选择。

在可以允许的事情上
尊重孩子的选择

**可行的
说话方式**

> 这件衣服脏了，我给你洗过之后就可以再穿啦！

不同于强迫孩子，教育孩子保持卫生是非常必要的。

> 今天咱们必须穿得正式一些，把这件穿上试试吧！

必要的时候需要明确告知原因。如果还是行不通，就在孩子很喜欢但不是很好看的衣服上套一件正式的衣服，想一些这样的办法克服困难。

经常疏忽大意

妈妈做好晚饭，准备端上餐桌。

这时候叫正在玩耍的孩子，

让他们帮忙端菜。

 小心一些哦。

知道。

（……然后，没走稳盘子摔在了地上。）

✖ 错误的说话方式

你觉得浪费食物很好玩是吧？

叫你小心一点儿！怎么都搞砸了？

全都白费了是不是？

 Point

参考"批评的基本原则"⑦（p.74），仔细辨别孩子的情形。如果本人都觉得自己犯了错误，那就给孩子弥补、道歉的机会，而不是一味强调事情无法挽回。孩子有了"通过道歉获得原谅"的经历，将来也就能够原谅别人。

不要穷追不舍，
给孩子一个可以挽回的机会

**可行的
说话方式**

帮我拿一下抹布，咱们收拾一下吧！

如果孩子自身都能充分理解自己的行为是因为疏忽而且在反省的话，就更没有必要责问批评了。

今天疏忽大意了吧！

用适当的对策让孩子感觉到紧张就可以了。大人索性以理解孩子正在反省的态度去面对。

令人头痛的熊孩子行为 **case 38**

总是看妈妈的脸色行事

✖ 错误的说话方式

如果你能做好就是优秀的！

别找借口，结果代表一切！

大人在某个瞬间会突然发觉自己在跟孩子相处的时候，都在无意识地对孩子的行为进行评价。父母对孩子的爱既不是刻意的行为，也不是让孩子担负着理想。孩童时期要看重过程而不是结果。

不要以附加条件的爱
让孩子失去光彩

**可行的
说话方式**

> 你非常努力，我一直看着呢！

有人关注自己、认可自己，这将成为孩子进步的动力。

> 这次真的好遗憾，下次能做好就好啦！

不管有没有达成目标，都不要只看结果，而是要认可过程。大人要有意识地改变评价的态度，以支援的姿态去对待孩子。

严厉批评的**好处**和**坏处**

	好处	坏处
批评	• 让孩子懂得规则和规定 • 有效培养孩子的行为举止 • 实践父母的职责 • 能够传达给孩子自己有多么严肃 • 让孩子有危机感	• 疲劳 • 有时会变得气氛尴尬 • 孩子会变得胆小懦弱 • 扮黑脸心理负担大 • 烦恼于该如何批评 • 找不到批评的正确方式
不批评	• 不会扰乱双方的心情 • 父母能够泰然处之 • 永远是一个温柔和善的好妈妈 • 不会累	• 孩子不会发觉自己做错了 • 无法形成规矩 • 很多事情变得模棱两可 • 无法让孩子有危机感和紧张感

"批评的好处"与"不批评的坏处"成正反关系。该如何充分发挥优势，减少坏处，我们可以参考"批评的基本原则"（p.60）进行实践。

围绕育儿

与周围大人之间
发生的冲突

　　家里除了自己，也有站在同样立场、或是应该协助自己共同养育孩子的大人，在养育孩子的时候，你是否被这些大人的言行激怒过？在此，我们将参照着"与愤怒和平相处的4大步骤"中步骤4（p.34），通过具体的例子来确认出现这种情况时的具体应对措施。

寻找解决方法

下面要介绍的方法，不仅在自己生气时适用，也可以用来解决让自己困惑的事情以及会造成精神压力的因素等。

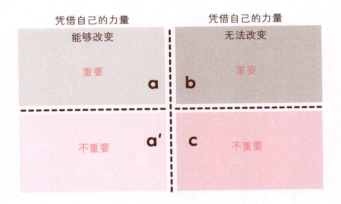

我们按照"与愤怒和平相处的4大步骤"中的步骤4，将现实的解决办法通过后面的两个例子来介绍一下。

需要考虑的两大中心：

• 能否通过自身的力量改变

• 对自己（的人生）是否重要

无论你把事情放在哪个方格里都没有对错，只听从自己的内心。

我们来看一下【case39 丈夫对孩子说妈妈的坏话】（p.160）的例子。

可能大多数人都觉得因为是家里人的事情，又会对孩子的影响特别大，因此认为这是"重要"的事。

ⓐ 如果你觉得是【重要 + 能够改变】(如果不改变将会很麻烦)

马上行动

想改变到什么程度　　→　　考虑自己的容许度有多少

想什么时候改变　　　→　　设定大致时间目标

如何传达　　　　　　→　　如果单纯提出来对方只是生气的话，就要想其他的有效程序

具体详情请参照 p.160~161。不过如果到了设定的时间目标没有任何效果的话，就要想其他的办法。

ⓑ 如果你觉得是【重要 + 无法改变】(说了也无用)

在接受现实的情况下，寻找自己可以处理的事情，考虑替代方案

例）从孩子那里取得信任，而不是让孩子相信爸爸所说的妈妈的坏话。

ⓒ 如果你觉得是【不重要 + 无法改变】，那也可以选择放置不管 (参考下一页)。

我们来看一下【case40 孩子同学的妈妈在孩子面前批评老师】（p.162）的例子。

这时候需要考虑的中心还是两个：

- 能否通过自身的力量改变
- 对自己（的人生）是否重要

依照自己的价值观和性格，把这种事情放在哪个格子里可能每个人都不一样。但无论放在哪个格子里都没有错，解决方法也是根据自己想怎么办、如何考虑而不同。

如果按照"无论对自己还是对周围的人，长期来看健康且幸福"的标准来判断，会更好一些吧。

凭借自己的力量 能够改变	凭借自己的力量 无法改变
重要　　　　　　a	b　　　重要
不重要　　　　a'	c　　　不重要

如果你觉得是 **a**【能够改变】，就参考 p.162~163 来考虑办法。如果觉得是 **a'**，那就不要着急，等有余力的时候再去解决。

如果你觉得是别人的事情，也没有必要插嘴而认为【无法改变】（改变不了也没办法）的话，那就通过"此事对自己是否重要"来进行判断。

b 如果你觉得是【无法改变 + 重要】，那就按照下面的办法。

> 在接受现实的情况下，寻找自己可以处理的事情，考虑替代方案

例）对孩子补充"虽然有各种各样的意见，老师还是好老师"。

另一方面表达自己对该老师不是很熟悉的看法。

c 如果你觉得是【无法改变 + 不重要】

> 决心充耳不闻，不放在心上，不做牵扯

下面，我们继续看一下与周围大人的冲突以及会成为精神压力的案例吧。

令人头痛的大人行为 **case 39**

丈夫 对孩子说妈妈的坏话

白天把孩子交给丈夫看管，晚上回来之后，
家里人聚在一起吃饭的时候，
孩子突然说话了。

妈妈，今天爸爸说，妈妈你好啰唆。

啊？真的吗？

✘ 错误的说话方式

哈？你在说什么？

↓

还不是因为你什么也不管，
我才这么严厉的，不是吗？

↓

你这样说我，我也说你坏话！

 Point

　　让丈夫想象一下自己说出话之后会对孩子产生什么样的影响，这是一个简单的解决方法。暂时压制住自己的怒气，把视角放在未来，集中精力考虑丈夫转变态度到什么程度自己才能接受，为了达成这样的目的应该如何做等。

可以改变

让丈夫不要再对孩子
讲轻视妈妈的话语

可以改变

对丈夫

**可行的
说话方式**

> 我不会把你说我啰唆的话
> 听进心里！

> 所以你不要再在孩子面前
> 说我的坏话。

> 我总是对孩子说"要感谢
> 爸爸"呢！

如果爸爸不把妈妈当回事，说妈妈的坏话，就会伤害到孩子，或者会让孩子变得同爸爸一样轻视妈妈，最终会导致育儿工作非常辛苦——试着把这些情况都直接对爸爸说出来吧。

即使自己非常生气，一边发火一边说话的效果也不会太好。所以尽量不用责备的语气，而是以目标朝向改善的方式陈述。

令人头痛的大人行为 **case 40**

孩子同学的妈妈

在孩子面前批评老师

带着孩子出去购物时，

遇到了孩子同班同学的妈妈。

他们老师布置作业也太多了吧！
根本不考虑孩子能不能做完。
我们上的补习班也有作业，真是太累了。

啊？

✖ 错误的说话方式

当那老师的学生真是太可怜了！

嗯，是呀……这老师真过分！
（附和）

（过后对孩子说）
小O的妈妈真吓人！

 Point

　　是否要改变现状全看自己的心情。如
果判断不需要掺扯进去就无须过问，如
果判断"现状不太好""从今往后还要继
续相处，如果不做改变的话将会比较难
办"，那就努力改变现状。无论你选择哪
个都是个人自由。

162

可以改变

不应该让孩子听到

- -

对孩子
同学的妈妈

可以改变

这样说会让孩子担心，咱们
找孩子听不到的地方说吧！

处理的时候不要带着对方是否有恶
意、考虑不周等的想法。

可行的
说话方式

无法改变

我该怎么跟进呢？

如果你判断这件事情是【无法改变 +
重要】，那应该关注的是孩子所处的
环境。为了不让孩子卷入到恶言恶语
中，要积极地改变话题方向。

不帮忙照顾孩子

丈夫一般工作日都回家很晚，

周末躺在家里看电视。

特别希望他能够在自己做家务时帮忙照看一下孩子。

> 我一会儿去买东西，把孩子留家里，
> 你能帮忙照看下吗？

> 还是你带他一起去吧。

✖ 错误的说话方式

> 你倒是挺轻松，真好！

> 你到底有没有当父母的觉悟？

> 为什么只有我这么辛苦？

 Point

　　妈妈想让爸爸帮忙做家务，当妈妈的愿望和爸爸所做的帮忙之间有巨大的差距时，如果对本来打算要帮忙的人说一些讥讽挖苦的话，那只会让他本来的积极性消失殆尽。因此要用具体且直接的方式表达，如果使用上"我感觉"效果会更好。

建 议

可以改变

如果丈夫能做到
"说了就给做"就算及格

无法改变

育儿方面自己承担，
其他事情让丈夫帮忙

对丈夫

可行的
说话方式

可以改变

一直以来非常感谢你的付出。
这个也能拜托你好吗？

→ 说话要具体且直接。把"不说也能
做（理想）"降低门槛到"说了就给
做"，最终会产生良好的趋势。

无法改变

我一直担心自己能不能一个
人全部做完！

→ 用"我感觉"的方式把自己的所思
所想坦率地告诉对方。叙述中不夹
杂任何责备的语气是重点。

令人头痛的大人行为 **case 42**

 婆婆

说父母都去工作，
孩子太可怜

婆婆来家里做客，自己急匆匆地去幼儿园接小女儿，

大儿子在家中等自己回家。

回家那一刻，婆婆看着沉迷于电视的大儿子语重心长地对自己说：

 回来真晚啊，孩子一个人玩得倒是挺开心。

啊，是吗？

 看你们老不在家！
爸爸妈妈都工作的话，孩子太可怜了。

✖ 错误的说话方式

孩子在幼儿园玩得挺好的！

这个您别操心，
这是我们夫妻俩决定的事情。

现在可不比当年。

 Point

　　孩子可怜不可怜是公婆自以为是的想法，并非事实。但是如果把这件事挑明就会产生矛盾，因此意志要坚定，应对也要柔和。每个人认为的"应该"都不尽相同。即使意见不统一，也不要对家人充满敌意。

重要

努力让对方理解

不重要

不要放心上，轻巧地回避过去

对婆婆

**可行的
说话方式**

重要

妈，您能在一旁帮我，真是太感谢了！

尊重婆婆，打造一种易于请求帮助的关系。如果向婆婆阐述不同意见，或是强调今非昔比，往往会让对方觉得在否定自己，因此要格外注意。

不重要

因为孩子们自己玩得挺开心，我这边也比较省心！

对婆婆的意见，既不否定也不肯定。不要顶嘴，也不要让婆婆觉得自己话中有话。

孩子朋友的妈妈 说孩子长得慢

在儿童馆认识一位妈妈，

聊到孩子能翻身能坐起来本来很开心，突然又说：

> 你家孩子爬得挺好。
> 但到现在还不能走路吗？

> 啊？

✖ 错误的说话方式

> 你真烦，你家孩子发育就快啦？

> 嗯……还不行……（烦恼）
> （突然对孩子发火）

> 快起来走路！快！

Point

　　新手父母常常忍不住要拿自家孩子跟别人家孩子作比较，因此也会受别人话语的影响，胡乱折腾。但每个孩子的成长速度都不一样，长得快也不一定就是好事。如果非要作比较的话，那就不要和别的孩子比，而是拿孩子的现在和过去相比。

⌐无法改变 + 不重要⌐

大人就算是烦恼，
也不会加快孩子成长的脚步

**对孩子
朋友妈妈**

○

**可行的
说话方式**

是呀，还不会呢！

不要考虑对方是否话里有话，也不过多回复，单纯用事实来回复即可。

如果发育太迟的话，我就去找儿科大夫看看，不用担心！

如果你因为对方的言论而烦恼的话，那就与对方保持距离，不用过于担心。

丈夫 开着电视就在沙发上睡着了

和孩子一起洗完澡后，

发现丈夫开着电视就在沙发上睡着了。

> 啊，爸爸，已经回来了呀。
> 电视一直开着……

> 为什么爸爸开着电视睡沙发就没事？

✕ 错误的说话方式

> 爸爸是不是特邋遢？

> 不要学你们爸爸。

> 你们和爸爸不一样，你们是好孩子。

 Point

在孩子面前一定要尊重爸爸！永远不要忘记对家人充满体谅，心怀敬意。特别是在养育男孩子的时候，未来孩子长大，爸爸的存在举足轻重。一旦孩子与家长之间形成了轻视父母的关系，不仅后期育儿会更加辛苦，而且这种态度早晚有一天会反射到自己身上。

能够改变

直接对丈夫说出来，
但内容不要牵涉孩子

无法改变

不要对孩子抱怨

对孩子们

无法改变

可行的
说话方式

> 爸爸工作很努力，所以可能太累了！

← 要以支援爸爸的态度向孩子讲述。

> 不要在沙发上睡，快上床！

如果孩子模仿了爸爸睡沙发的行为，也只需淡然地给孩子发出指令即可。

＋还有妙招——如果孩子问"为什么爸爸开着电视睡沙发就没事？"，就轻描淡写地回答说"是呀，爸爸明明在床上睡更能解乏"。

令人头痛的大人行为 **case 45**

 婆婆

宠溺孩子，
孩子得意忘形

孩子们去奶奶家玩了两天，

好像是被惯坏了，

回家后对他们进行了严厉的教育。

> 在奶奶家都可以喝果汁的。

> 吃饭的时候可以看电视的。

✖ 错误的说话方式

（对婆婆）请你不要再娇惯他们了！

（对孩子）你们去当奶奶的孩子吧！

（对孩子）你们要是不守咱们家的
规矩，妈妈就不管你们了。

 Point

　　自己眼睛看不见孩子的时间段里也想掌控孩子，这几乎不可能。在奶奶家的时候，就算是规矩与自家不同，也放手不要管，这样反而会很顺利。如果后期有不愉快，那就使用"把应该换一种和缓的表达"（p.51）提到的方法，让自己的想法更加柔软。

能够改变

提前向婆婆传达自己家里可以允许的范围

无法改变

不对婆婆提出抗议，也不要把事情理解成对自己的攻击

可行的说话方式

对婆婆 能够改变

在我们家对孩子要求都很严格，所以请您提前跟孩子说一声"今天是特例"！

私下里告诉婆婆——自己家和奶奶家的规则不一样，孩子在奶奶家是特例等。

对孩子 无法改变

因为奶奶非常疼爱你们，所以才纵容你们的！

对一个想让孩子们开心的奶奶一定要尊敬，同时叮嘱孩子们不要得意忘形。

其他妈妈 问孩子关于自己的事情

回家的孩子汇报说，有一位喜欢说闲话的妈妈跟自己聊天，
孩子天真无邪地跟那位妈妈聊了一会儿。

今天遇到小〇的妈妈了。

是吗？

她问我你是做什么的，还有休息的时候都干
什么等。

✖ 错误的说话方式

别多嘴。

你为什么要跟那种人聊天，
她人很坏。

就算是她问你，你也可以不回答呀，
因为她老是喜欢说闲话。

Point

　　喜欢流言蜚语的人到处都有。自己能
够小心注意不乱说，但孩子无法判断能
说的事情和不能说的事情。如果对孩子
说"不能告诉那个人"，往往会成为纠纷
的根源，所以应当教给孩子"妈妈也有隐
私"这个道理。

建 议

无法改变 + 重要

给孩子打预防针

不重要

不放在心上，不管不问

重要

对孩子

可行的说话方式

> 当我向别人不断说你的事情的时候，你是不是感觉很厌烦？妈妈也是一样的。

因为孩子无法进行精确判断，所以提前告诉孩子，无论对任何人都不要随意讲妈妈的事情。

> 如果你对我有任何隐瞒，我可能会比较困扰，但是对其他人可不一样。

孩子可能比较疑惑——为什么妈妈平时都要求我"不要隐瞒""不要说谎"，但这时候又不让自己说？这时，妈妈要慢慢地教给孩子——别人和家人不同，要相互尊重个人隐私，跟别人交流时需要把握分寸、保持距离。

令人头痛的大人行为 **case 47**

夫妻 之间因教育理念的不同而发生碰撞

看着兴趣班的宣传册时，丈夫回家了。

丈夫看到餐桌上的宣传册，说到：

> 正是孩子贪玩的时期，上兴趣班太早了吧。

> 但孩子的生活已经有规律了，而且兴趣班一周就两次。

> 孩子这个时期，跟朋友玩更重要一些吧。

✗ 错误的说话方式

> 你别插嘴，明明养孩子的事情全都包给我了。

> 不上兴趣班的，就咱们家孩子了！

> 那以后你自己管孩子吧。

 Point

夫妻之间在育儿方面经常发生分歧，但如果父母意见不统一，孩子就会夹在中间不知该如何是好。我们可以参照"与愤怒和平相处的4大步骤"（p.30），把夫妻之间不同的"应该"进行磨合，找一找有没有可以相互让步的地方。

能够改变

育儿方法的差异会给孩子带来混乱，

不同的"应该"一定要进行磨合

无法改变

寻找其中能够做到的事情

对夫妻

能够改变

你最重视的事情是什么？ ——— 思考方式不同本来就是理所当然的事情，不可对对方的"应该"进行否定。

○

可行的说话方式

原来你是那样考虑的，我是这样想的，你看怎么办才好呢？ ——— 努力寻找一个折中方案。彼此述说能够让步的地方和不能让步的地方，相互之间都稍微扩大三个圈（p.32）中的②的范围。

自己对孩子说了过分的话

在外面碰到了不顺心的事情，自己心情烦躁的时候，
孩子拿着 80 分的成绩给自己看。

妈妈，快看，
我考了 80 分，是不是很厉害？

哈？ 80 分有什么好得意的？

✖ 错误的说话方式

是你让我心烦的。

我不小心说漏了嘴（笑）。

真烦人，你闹什么别扭！

Point

言语带来的伤害，比身体上的伤害更
难治愈。若这个言语伤害来自父母，那更
加严重。虽出口伤人，覆水难收，但父母
还是要对孩子进行道歉并更正。同时为了
避免因为愤怒而做后悔的事情，务必养成
说话前三思的习惯。

可以改变 + 重要

马上更正，
明确告诉孩子自己说的话
并非出于真心

**可行的
说话方式**

> 对不起，真的对不起，妈妈刚才说了不该说的话！

无论是父母还是孩子，伤害了别人就要道歉。人们在愤怒和不开心时，往往会朝着比自己更弱的对象撒气，因此就会在不经意之间表露在言行中。

> 我很爱你，我那么珍惜你却说了让你伤心的话，真的很对不起！

无论对孩子说出了什么样的伤人的话，一定要清晰明确地作出否定。

【②愤怒是能够被控制的】中的方法所使用的表格。

生气日志

p.46

何时	月　　　　日
何地	
事件	
所感所想	
自己的反应	
反应的结果	
愤怒的温度值	0　1　2　3　4　5　6　7　8　9　10

打破常规模式

p.49

单一模式清单	考虑如何改变
（例）从幼儿园回家的路	不走平常最短的捷径，而是走一走景色美丽的道路

三个栏目技巧

p.51

让自己生气的事情

寻找生气背后的"应该"

无论对自己还是对周围的人，
长期来看健康且幸福

成功日志

　　这本书中，介绍了很多应对愤怒的方法、与之前不同的接受方式、不同的行动选项，你可以回想一下，具体实践了哪些方法，把已经做到的事情全部写出来。

已经做到的事情	困难点·改善点	令自己满意的地方

　　控制愤怒实际上是对心理的一种训练，通过不断坚持就能牢牢掌握。不要因为做不到的事情而唉声叹气，而是要把目光放在已经做到的事情上，要不断坚持下去。

图书在版编目（CIP）数据

不生气育儿图鉴 /（日）篠真希著；陈静译 . 一 北京：中国民族文化出版社有限公司，2021.1（2022.8 重印）

ISBN 978-7-5122-1413-2

Ⅰ.①不… Ⅱ.①篠… ②陈… Ⅲ.①儿童教育－家庭教育－图解 Ⅳ.① G782-64

中国版本图书馆 CIP 数据核字 (2020) 第 193520 号

ILLUST DE WAKARU OKORAZU NOBASU SODATEKATA
Copyright © 2019 by Maki SHINO
Illustrations by MOCHICO
First published in Japan in 2019 by IKEDA Publishing Co., Ltd.
This Simplified Chinese edition published by arrangement with
PHP Institute, Inc.,Tokyo in care of Tuttle-Mori Agency,Inc.,Tokyo
through Pace Agency Ltd.
著作权合同登记号：图字 01-2020-4167

书　　名：	不生气育儿图鉴
作　　者：	[日] 篠真希
插　　画：	[日] 糕糕子
翻　　译：	陈 静
责任编辑：	张晓萍
封面设计：	姚 宇
排　　版：	沈 存
责任校对：	祁 明
出　　版：	中国民族文化出版社
地　　址：	北京市东城区和平里北街 14 号（100013）
发　　行：	010-64211754　84250639
印　　刷：	金世嘉元（唐山）印务有限公司
开　　本：	880mm×1230mm　1/32
印　　张：	6
字　　数：	120 千
版　　次：	2022 年 8 月第 1 版第 2 次印刷
标准书号：	ISBN　978－7－5122－1413－2
定　　价：	49.80 元